I0156036

EL ORIGEN DEL MAL
Verdades Bíblicas
Escondidas a plena Vista

Dr. Yeral E. Ogando

© **2025 Dr. Yeral E. Ogando**
https://www.yeralogando.com/ https://www.yahuahdabar.com/

Todos los derechos reservados. Ninguna parte de esta obra puede
ser reproducida, almacenada o transmitida en ninguna forma ni
por ningún medio —electrónico, mecánico, fotocopia, grabación o
cualquier otro— sin el permiso previo por escrito del autor.
Citas breves pueden utilizarse para estudios, comentarios o reseñas
siempre que se mencione la fuente completa.

Nota: Todas las citas de las Escrituras están tomadas directamente de
Dabar Yahuah Escrituras, salvo que se indique lo contrario.
https://www.yahuahbible.com/es
ISBN: 978-1-946249-34-0

Dedicatoria

Este libro está dedicado a todos aquellos que buscan la Verdad en Yahuah, y a quienes Yahuah Elohíym ya ha abierto los ojos y el entendimiento.

Que Yahuah les conceda sabiduría y discernimiento al leer estas páginas, creadas con el propósito de traer claridad al pueblo de Yahuah en todas las naciones.

Este libro no es para los ciegos ni para los guías ciegos, que jamás entenderán ni verán la verdad, aun cuando la tengan frente a sus rostros.

Porque, al final, este libro no pertenece al linaje de sangre nefelina, sino al linaje espiritual y puro de Yahuah, manifestado en Yahusha Ha Mashíyach.

Y para nosotros, los que servimos a Yahuah:

No hemos sido llamados a creer sin investigar, orar y discernir, sino a creer después de escudriñar todas las fuentes —dentro y fuera de este libro—, y solo después de orar, aceptar lo que el Ruach de Yahuah confirme como verdadero.

Está bien si no estás de acuerdo con todo lo aquí expuesto; comprendo que algunos necesitarán años para entenderlo, mientras que otros ya poseen una semilla de conocimiento que viene de Yahuah.

Esta obra está dedicada a los llamados por Yahuah Elohíym y redimidos por Yahusha Ha Mashíyach.

"Examinen todas las cosas; retengan lo bueno."
1 Thessalonikéfs (1 Tesalonicenses) 5:21

EL ORIGEN DEL MAL
Verdades Bíblicas
Escondidas a plena Vista

*Una reconstrucción cronológica del origen, expansión y
destino del mal según las Escrituras restauradas.
Desmantelando las mentiras del enemigo.*

Tabla de Contenido

Introducción

Desde el principio de la creación, el propósito de Yahuah fue manifestar Su luz, Su verdad y Su justicia en toda la creación. Sin embargo, desde los primeros días del hombre, el enemigo sembró el engaño. Así comenzó la historia no contada del mal — una historia que ha sido tergiversada, ocultada y reinterpretada por los hombres, los ángeles caídos y los reinos de tinieblas que buscan distorsionar la verdad revelada.

En el Yarden (Jardín del Edén), Gadreel — no el adversario comúnmente descrito por la religión moderna — fue el que sedujo a Chawwâh (Eva) y la condujo al pecado. "Y el Nâchâsh dijo a la mujer: No morirás..." (Bereshith / Génesis 3:4). Desde aquel instante, la humanidad quedó atrapada en una red de corrupción espiritual que se expandió a través de los siglos.

Los ángeles Vigilantes (Nephîyl), mencionados en Chănôk (Enoc) y confirmados en los Escritos, descendieron con un el propósito de instruir a la humanidad, pero una vez experimentaron como humano cambiaron su propósito: engendrar descendencia. Estos seres fueron seducidos, engañados y llevados a rebelarse contra el mandato de Yahuah. De su unión con las hijas de los hombres nacieron los Nefelín — criaturas híbridas, sin el aliento (ruach) de Yahuah, totalmente inclinadas al mal. "Había Nephîyl en la tierra en aquellos días, y también después que vinieron los hijos de ĚLÔHÎYM a las hijas de los hombres, y les engendraron hijos" (Bereshith 6:4). De su existencia surgieron los demonios, espíritus sin reposo que vagan buscando cuerpos que poseer, pues no pertenecen ni al cielo ni a la creación de Yahuah.

El diluvio no fue solo una catástrofe física, sino una purificación espiritual. Yahuah preservó a ocho almas — Noach, su esposa, sus tres hijos y sus esposas — para guardar la simiente santa, la única que conservaba su ruach. "Y yo, he aquí que yo traigo un diluvio de aguas sobre la tierra, para destruir toda carne en que haya rûach de vida debajo del cielo; todo lo que hay en la tierra morirá." (Bereshith 6:17. Pero incluso después del diluvio, un remanente nefelino sobrevivió y se estableció en las regiones de Ararat (arrat) y Babel.

Fue en los días de Qeynan (Cainan), descendiente de Noaḥ (Noé), que la maldad volvió a florecer. Qeynan halló las enseñanzas antiguas de los Vigilantes, las copió y las enseñó a los hombres, reintroduciendo la magia, la idolatría, la hechicería y las ciencias prohibidas. De Babel, el centro de rebelión, surgió la torre, símbolo de orgullo y confusión. "Y descendió YAHUAH para ver la ciudad y la torre que edificaban los hijos de los hombres. ... y confundamos allí sus lenguas" (Bereshith 11:5-9). Así fueron esparcidos los Vigilantes y su remanente, que más tarde dominarían las naciones vecinas, entre ellas Sodoma y Gomorra, ciudades corrompidas por la semilla nefelina.

De este linaje surgen los Chasmoniym, padres de los filisteos, y más adelante los fariseos, saduceos y esenios, quienes heredaron la misma sangre nefelina. Ellos usurparon el templo, corrompieron el sacerdocio y se levantaron contra Yahusha ha Mashíyach, el hijo de Elyôn. "Ustedes son de su padre el Diábolos, y los deseos de su padre quieren cumplir" (Yôchânân / Juan 8:44). En ellos se cumplió la profecía: los hijos del Nâchâsh persiguiendo al hijo del Hombre.

Maśṭêmâh, príncipe de los demonios, no es un espíritu errante, sino un ser físico, un ángel con cuerpo, quien opera como cabeza del remanente nefelino. Desde Mitsrayim (Egipto) hasta Roma, su dominio se ha extendido bajo distintas formas, encubierto en religiones, filosofías y reinos humanos.

Con el tiempo, Babel se reencarnó en el Imperio Romano, bajo Constantino, quien mezcló las enseñanzas nefelinas con el nombre del Êlôhîym verdadero, creando una religión universal falsa. De esta manera, Babel volvió a devorar a las naciones con sus mentiras, corrompiendo el nombre sagrado de Yahuah y sustituyéndolo por ídolos y doctrinas de hombres.

Esta obra revela que el mal no nació de la carne humana creada por Yahuah, sino de la mezcla entre lo celestial y lo terrenal. Y así como su origen fue una unión prohibida, su fin será una separación definitiva: el juicio de Yahuah sobre los reinos de oscuridad. Este libro desenmascara las mentiras, expone la genealogía del engaño y anuncia el cumplimiento final del plan de redención.

Capítulo 1
La Creación y la Primera Caída

(El principio del orden... y del caos)

1.1 Creación de todos los espíritus en el primer día de la creación

(El principio del mundo invisible y la naturaleza eterna de los seres espirituales).

Los ángeles recibieron el don de la eternidad; de modo que, como son eternos, no procrean ni se propagan.

Chănôk (Enoc) Capítulo 15: Versículo 6 – 7: En cuanto a ustedes, fueron primero espirituales, viviendo una vida eterna, inmortal por todas las generaciones del mundo; por ello no se les han atribuido mujeres, pues la morada de los espíritus del shâmayim es el shâmayim.

Yôbêl (Jubileos) Capítulo 2: Verso-2-3: Porque en el primer día creó los shâmayim de arriba, la tierra, las aguas y todos los espíritus que le sirven: los ángeles de la presencia, los ángeles de la santificación, los ángeles del espíritu del fuego, los ángeles del espíritu de los vientos, los ángeles del espíritu de las nubes, de las tinieblas, de la nieve, del granizo y de la escarcha, los ángeles de las voces, del trueno y del relámpago, los ángeles de los espíritus del frío y del calor, del invierno, de la primavera, del otoño y del verano, y todos los espíritus de sus criaturas que están en los shâmayim y en la tierra. Él creó los abismos, las tinieblas, el atardecer y la noche, y la luz, el amanecer y el día, todo lo cual preparó en el conocimiento de su corazón. Y entonces vimos sus obras, y le alabamos, y nos gloriamos en su presencia por todas sus obras, porque siete grandes obras creó el primer día.

1)   Shâmayim,

2)   Aguas

3)   Ángeles,

4)   Espíritu del hombre

5)   Abismos

6)   Tinieblas

7)   Luz

A diferencia de lo que nos han dicho o enseñado, las escrituras no ensenan que todos los espíritus del hombre fueron creados en el primer día de la creación. Esto es todo ser humano que aún no ha tomado forma de carne o sangre, que no ha nacido, en realidad fue creado desde el primer día de la creación.

Yirmeyâhû (Jeremías) -Capítulo 1: Verse-5: Antes que te formase en el vientre te conocí, y antes que salieses de la matriz te santifiqué, te día por profeta a las naciones.

Tehîllîm (Salmos) - Capítulo 139: Verse-13: Porque tú poseíste mis riendas; me cubriste en el vientre de mi madre.

Como podemos ver en estos versículos los ángeles creados también en el primer día de la creación, recibieron el don de la vida eterna, de modo que su naturaleza no es de reproducción, por eso todos los ángeles son masculinos, no existe tal cosa como un ángel femenino, eso no es bíblica.

Todos son masculinos porque la habilidad de procrear o reproducirse no fue asignado a ellos, más bien la eternidad en los cielos. Los ángeles fueron creados como servidores o sirvientes de la creación más preciada de Yahuah Êlôhîym "El Hombre". Los ángeles para servirnos y no nosotros para servir a los ángeles.

1.2 Creación de los humanos en el sexto día

(El don de la procreación y la conexión con el ruach de Yahuah)

Los humanos, como seres efímeros y pasajeros, recibieron el regalo único de procrearse para que no se extingan en la tierra y se mantengan fluyendo. Solo al hombre se le dio este gran regalo.

Yôbêl (Jubileos) Capítulo 2: Versículo 14-15: Después de todo esto, creó al hombre; al hombre y a la mujer los creó, y le dio dominio sobre todo lo que hay en la tierra y en los mares, sobre todo lo que vuela, sobre las bestias y el ganado, sobre todo lo que se mueve sobre la tierra y sobre toda la tierra; y sobre todo esto le dio dominio. Y creó estos cuatro tipos en el sexto día. Y hubo en total veintidós tipos.

1) Animales terrestres

2) Ganado

3) Todo lo que se mueve en la tierra

4) Hombre

Yahuah se esmeró en su creación, estableció todo el panorama necesario para que su máxima obra la disfrutara y viviera con él por los siglos. Y como su última obra entonces en el sexto día creo al "hombre", su magnánima creación. Todo lo que creo del día uno hasta ese momento del sexto día fue preparando el terreno para traer al hombre a la vida y disfrutar del paraíso que Yahuah había creado.

Chănôk (Enoc) Capítulo 15: Versículo 5: Por lo tanto, también les

he dado mujeres para que las fecunden y engendren hijos de ellas,
para que así no les falte nada en la tierra.

Como el hombre no recibió la inmortalidad de los ángeles, entonces recibió un regalo y don único. La habilidad de engendrar o procrear hijos en la tierra, con el objetivo de nunca faltar en la creación de Yahuah. Facultad única dada al hombre. El tener hijos o descendientes, es el regalo más preciado de toda nuestra existencia, codiciada y celada por algunos de los ángeles.

Recordemos que todos los espíritus de los hombres fueron creados en el primer día de la creación, pero solamente en el sexto día ese espíritu recibió un cuerpo y se convirtió en un ser humano. Esta es la razón porque en el texto de Berēshȋṯh (Génesis), explica que hombre y mujer fue creado (en el primer día), pero solo en el sexto día el hombre llego a ser un ser viviente.

1.3 Chawwâh en el jardín

(La seducción de Gadreel (Gadriel) y la entrada del engaño en el Edén).

Chawwâh, en el jardín, fue seducida por Gadriel y cayó en la tentación: la mujer sucumbió a la insinuación del ángel Gadriel, no de una serpiente, y la mujer, a su vez, compartió con el hombre el fruto de dicha tentación.

Chănôk (Enoc) Capítulo 69: Versículo 6: Y el tercero se llamaba Gadreel... e hizo pecar a Chawwâh (Eva)... Como vemos, fue un ángel, no un reptil. Este mismo ángel, después en la caída de los ángeles vigilantes se une a ellos.

Yôbêl (Jubileos) Capítulo 3: Versículo 17-19: Y después de cumplirse los siete años que había cumplido allí, siete años exactamente, y en el segundo mes, el día diecisiete del mes, el

Nâchâsh vino y se acercó a la mujer, y el Nâchâsh le dijo a la mujer: ¿Te ha ordenado Êlôhîym, diciendo: No coman de ningún árbol del jardín? Y le dijo: De todo el fruto de los árboles del huerto, Êlôhîym nos ha dicho: Coman; pero del fruto del árbol que está en medio del huerto, Êlôhîym nos ha dicho: No coman de él, ni lo toquen, para que no mueran. Y el Nâchâsh le dijo a la mujer: «No morirán, pues Êlôhîym sabe que el día que coman de él, se les abrirán los ojos, y serán como dioses, y conocerán el bien y el mal».

Siete años estuvieron Adam y Chawwâh en el huerto, cultivándolo y siendo cuidados por Yahuah Êlôhîym. El Nâchâsh le lanza una pregunta ganchosa a la mujer, quien cae en la trampa y le dice exactamente lo que sabían, solo una prohibición tenían, un árbol en específico. Si miramos bien el texto y comprendemos, la única mentira expuesta por el Nâchâsh fue cuando le dijo "no morirán".

La mujer cayó en la trampa, que no fue forzada, sino insinuada, y pecó e inmediatamente se le abrieron los ojos y conoció el mal, porque el bien ya lo conocía. El fruto del conocimiento del mal, o mejor dicho, la desobediencia a todo lo que se llama regla o bueno.

Aun después de este pecado que marcó el curso de toda la creación, creados originalmente por la mujer y el ángel Nâchâsh; en la humanidad — o creación de Êlôhîym— no hay nada malo, más bien las consecuencias de la desobediencia; todo lo creó bueno en gran manera.

1.4 Gadreel o Gadriel – Antes de los Vigilantes

(El verdadero adversario que introdujo la muerte y el error).

Chănôk (Enoc) Capítulo 69: Versículo 6: "Y el tercero se llamaba Gadreel; este es quien mostró a los hijos de los hombres todos los golpes de la muerte, e hizo pecar a Chawwâh, y mostró a los hijos de los hombres las armas de la muerte: el escudo, la cota de malla, la espada para la batalla y todas las armas de la muerte a los hijos de los hombres."

Gadreel nunca fue parte del pecado de los Vigilantes y nunca fue encarcelado. Es el que conocemos como el adversario. Es quien después aprovecha el pecado de los ángeles vigilantes que se corrompen con las mujeres para transmitir las enseñanzas prohibidas a la humanidad y / o a los descendientes de los nefelinos. Su primera aparición es en el jardín del Edén al inicio de la creación, creado su primer engaño en la creación, y por tal acción fue maldito por Yahuah.

1.5 Expulsión del paraíso

(La consecuencia de la desobediencia).

El hombre fue expulsado del paraíso o jardín del Edén por su transgresión y la entrada del paraíso protegida y escondida para que los humanos no puedan encontrarla.

Berēshīṯh (Génesis) - Capítulo 3: Verse-22-24: Y dijo YAHUAH ĔLÔHÎYM: He aquí Âdâm es como uno de nosotros sabiendo el bien y el mal: ahora, pues, para que no alargue su mano, y tome también del árbol de la vida, y coma, y viva para siempre: Y lo sacó YAHUAH ĔLÔHÎYM del huerto de Êden, para que labrase la tierra de la que fue tomado. Echó, pues, fuera al hombre, y puso al oriente del huerto de Êden Kerûb, y una espada encendida que se revolvía a todos lados, para guardar el camino del árbol de la vida.

1.6 Primer asesinato en la humanidad

(Qayin contra Hebel: el nacimiento del derramamiento de sangre).

Qayin, por celos y envidia, se convirtió en el primer asesino de la raza humana. Sin embargo, aun después de este episodio, el mal o la maldad como tal no prevalecían en la tierra.

Yôbêl (Jubileos) Capítulo 4: Versículo 2: Y en el primer año del tercer jubileo, Qayin mató a Hebel porque Êlôhîym aceptó el sacrificio de Hebel y no la ofrenda de Qayin.

Berēshīṯh (Génesis) - Capítulo 4: Verse-3-4: Y aconteció andando el tiempo, que Qayin trajo del fruto de la tierra una ofrenda a YAHUAH. Y Hebel trajo también de los primogénitos de sus ovejas, y de su grosura. Y miró YAHUAH con agrado a Hebel y a su ofrenda;

• Min (מן) perîy: Qayin dio parte del fruto o cosecha que había tenido.

• Min (מן) bekôrâh: Hebel dio lo mejor, su primogenitura.

Este fue todo el asunto, no hay que complicarse ni buscarle cinco patas al gato. Qayin no dio lo mejor y Hebel dio lo mejor, por tanto, Yahuah aceptó lo mejor. Qayin se llena de celos y se convierte en el primer asesino de la humanidad, con el primer asesinato de la humanidad y al mismo tiempo Hebel se convierte en el primer mártir inocente en perder su vida por la verdad (dar lo mejor a Yahuah).

1.7 Después del primer asesinato: etapa sin demonios ni ángeles vigilantes caídos

Aun después de todo esto, no existe la maldad que arropa y consume la creación. Existe el conocimiento del mal y por ende, todo ser humano nacido de la creación de Yahuah, nace con ese conocimiento de lo que es bueno y lo que es malo; y al dejarse llevar por las emociones, tiene la facultad de ejecutar ese mal.

Sin embargo, en esta etapa de la humanidad, no existen aún ni lo demonios, ni ángeles vigilantes que pecaron, no existe la enfermedad ni todas esas calamidades que vendrán después.

1.8 La primera invocación del Nombre de Yahuah

Pasaron los tiempos de Adam, los tiempos de Seth, y luego los tiempos de Enosh, de la descendencia de Seth (no Enosh de la descendencia de Qayin). Entonces el nombre de Êlôhîym fue invocado por primera vez en la tierra.

Berēshīṯh (Génesis) - Capítulo 4: Verse-26: Y a Shêth también le nació un hijo, y llamó su nombre Ĕnôsh. Entonces los hombres comenzaron a invocar el nombre de YAHUAH.

Prestemos mucha atención para no confundir a Enosh del linaje de Sheth con el Enosh del linaje de Qayin; fue solo cuando desde la descendencia de Sheth nació Enosh, que por primera vez los humanos comenzaron a invocar el nombre de Yahuah. No antes y no de la descendencia de Qayin. Pasó la generación de Qayin y de Mahalalel hasta llegar a la generación de Yarad.

Capítulo 2
La Rebelión de los Vigilantes y la Corrupción de la Tierra -

(Cuando los hijos del cielo descendieron y sembraron maldad entre los hombres.)

2.1 Los ángeles Vigilantes

(Los emisarios celestiales enviados a instruir al hombre).

Los ángeles Vigilantes fueron enviados en los tiempos de Yarad como embajadores celestiales para enseñar las leyes de Êlôhîym a la humanidad.

Yôbêl (Jubileos) Capítulo 4: Versículo 15: En el segundo septenario del décimo jubileo, Mahǎlalêl tomó para sí a una mujer, Diynâh, hija de Barakîêl, hija del hermano de su padre, quien le dio a luz un hijo en el tercer septenario del sexto año. Él lo llamó Yârad, porque en sus días los ángeles de Yahuah descendieron a la tierra, los llamados Vigilantes, para instruir a los hijos de los hombres y para que hicieran justicia y rectitud en la tierra.

El propósito real por la cual Yahuah envió los ángeles vigilantes a la tierra fue para enseñar las leyes de Yahuah, a obrar en justicia y rectitud en la tierra. Sin embargo, ellos al tomar forma humana, comenzaron a tener las mismas necesidades que los humanos o creación de Êlôhîym, se dejaron tentar o incitar por otros ángeles; los vigilantes también fueron tentados y también cayeron en la tentación. Ya que había unos ángeles detrás tratando de convencerlos para que obraran lo único que no podían ni tenían permitido hacer "engendrar ni tener descendencia"

Chǎnôk (Enoc) Capítulo 69: Versículo 4-5: El nombre del primer

Yeqon: Es decir, el que hizo extraviar a todos los hijos de Êlôhîym, los bajó a la tierra y los hizo extraviar por medio de las hijas de los hombres. El segundo se llamaba Asbeel: impartió malos consejos a los hijos de Êlôhîym, los hizo extraviar y mancillarse, de modo que contaminaron sus cuerpos con las hijas de los hombres.

Como podemos ver en estos versículos los cabecillas o líderes en lograr la corrupción, incitando y engañando a los vigilantes fueron Yeqon y Asbeel. Estos dos cabecillas de ángeles, de los cuales poco se menciona, fueron la mente maestra detrás del plan o de la seducción que llevó a los Vigilantes a contaminarse con las mujeres. Los ángeles Vigilantes también fueron engañados para pecar. Pero, ¿por qué?

Chănôk (Enoc) Capítulo 6: Versículo 6: Eran doscientos en total; los que descendieron en los días de Yârad a la cima del monte Chermôn, y lo llamaron Monte Chermôn, porque habían jurado y se habían comprometido mediante una maldición mutua hablada sobre él.

Fue en los tiempos de Yarad que los ángeles vigilantes bajaron a la tierra, y aun en este punto aun la depravación o corrupción de la humanidad no había comenzado.

2.2 El pacto del monte Hermón

(El juramento de rebelión y la creación de los nefelinos).

Cuando los ángeles Vigilantes vinieron a la tierra a enseñar las leyes de Êlôhîym, tomaron forma humana, de modo que sus cuerpos comenzaron a tener las mismas necesidades que los humanos.

Sin embargo, la única prohibición, o lo único no permitido para los ángeles, era engendrar o procrear, porque son eternos.

Pero estos ángeles, al convivir con los humanos y ver la hermosura de las mujeres, y al ser convencidos de experimentar lo no natural, decidieron entre todos —unos doscientos en total— hacer un juramento en el monte Hermón para llevar a cabo ese gran pecado.

Sabían y estaban conscientes de que era un gran pecado; sin embargo, para que ninguno se retractara, sellaron su pacto con una maldición en la cual aseguraron su destino.

Ellos querían tener descendencia. No era suficiente para ellos la eternidad: también querían procrear.

Esto selló no solo el destino de ese pacto maldito, sino también el destino de las mujeres que accedieron a unirse o convertirse en compañeras de los ángeles.

Chănôk (Enoch) Capítulo 6: Verso 3-6: Y Semyaza, su líder, les dijo: «Me temo que no aceptarán hacer esto, y solo yo tendré que pagar la pena de un gran pecado». Todos le respondieron y dijeron: «Hagamos un juramento y nos comprometamos, mediante una maldición mutua, a no abandonar este plan, sino a hacerlo». Entonces todos juraron juntos y se comprometieron, mediante una maldición mutua, al respecto. Y eran en total doscientos, los cuales descendieron en los días de Yârad a la cumbre del monte Chermôn, y lo llamaron Monte Chermôn, porque habían jurado y se habían comprometido mediante una maldición hablada mutua sobre él.

Todos estaban claros que era un gran pecado y que serían castigados si llevaban a cabo sus planes, pero para asegurarse que ninguno se retractara, entonces decidieron hacer un juramento. Para nosotros los humanos puede sonar como algo sencillo, porque tenemos la mala habilidad de jurar y no cumplir, pero los ángeles saben que un juramento es algo que no se rompe y que se cumple no importando cual sea este juramento. Por eso sellaron sus planes bajo maldición mutua a realizar este plan sin retroceder.

Y si alguno aun todavía no cae en cuenta, el porqué de todo este plan y cuál era el objetivo, es sencillo, ya se los he dicho varias veces. Los ángeles no pueden engendrar ni procrear, entiéndase, no puede tener hijos ni linaje o descendencia, este es un don dando al humano solamente y este es el objetivo de los ángeles vigilantes, crearse una descendencia o linaje para sí, experimentando la habilidad única dada al hombre de unirse a una mujer y procrear.

2.3 Inicio de la maldad y la corrupción

(El nacimiento de los híbridos y la corrupción total de la humanidad).

Solo el hombre tiene la facultad de procrear o engendrar, y solo el hombre da origen a la vida de una criatura, la cual nace con esa conexión o espíritu que la une con Êlôhîym. Así como Êlôhîym sopló ese espíritu al momento de crear al hombre, el hombre, al engendrar, comparte ese espíritu con la nueva criatura, y esta nace con ese vínculo con Êlôhîym.

No obstante, los ángeles, al no tener ese espíritu creador — porque no fueron hechos para engendrar—, no pueden transmitir su espíritu a ninguna criatura.

No pueden engendrar a nadie con el espíritu de Êlôhîym.

Chănôk (Enoc) Capítulo 7: Verso 1-6: Y todos los demás, junto con ellos, tomaron mujeres, y cada uno eligió una para sí mismo, y comenzaron a acostarse con ellas y a contaminarse con ellas, y les enseñaron hechizos y encantamientos, y a cortar raíces, y les enseñaron las plantas. Y quedaron embarazadas, y dieron a luz a un gran Nephîyl, cuya altura era de tres mil anas: Quien consumió todas las adquisiciones de los hombres. Y cuando los hombres ya no pudieron sostenerlos, el nephîyl se volvió contra ellos y devoró a la humanidad. Y comenzaron a pecar contra aves, bestias, reptiles y peces, y a devorarse la carne unos a otros y a beber la sangre. Entonces la tierra acusó a los malvados.

Los nephîyl son los que conocemos como los nefelinos, de los cuales solo se mencionan los gigantes, porque fueron los más populares. Estos comenzaron su expansión del modo tal que consumieron todos los recursos que tenían los humanos y como ya los hombres no podían satisfacer sus necesidades, los nefelinos se volvieron a devorar (entiéndase a comerse literalmente) a los humanos y todo lo que había en la creación. Del mismo modo comenzaron a pecar (aparearse o mutarse) con las aves (aves hibridas), bestias (centauros...), reptiles, peces y cuando ya no tenían más que corromper, entonces comenzaron a pelear o a devorarse ellos mismos unos con otros; y para el colmo se bebían la sangre de todo viviente (origen de la práctica de comer o beber sangre). Mataron y exterminaron con toda la creación, y entonces toda esa sangre inocentes, los acuso delante de Yahuah.

Cuando las mujeres dieron a luz a los hijos de los ángeles Vigilantes, el resultado fueron criaturas híbridas que tenían parte del gen humano —es decir, el gen de la mujer— y parte del gen angelical —el gen de los ángeles—.

Pero, como los ángeles no poseen el gen del hombre para engendrar criaturas con el espíritu de Êlôhîym, los hijos nacidos de la unión entre las mujeres y los ángeles Vigilantes eran totalmente corruptos y malvados.

Chănôk (Enoc) Capítulo 106: Versículo 17: Y producirán en la tierra nefelinos, no según el espíritu, sino según la carne; habrá un gran castigo sobre la tierra, y la tierra será purificada de toda impureza.

Ellos no poseían ese "chip" de conexión con Yahuah; no eran seres espirituales capaces de conectarse ni con Yahuah ni con nada bueno: eran seres totalmente carnales.

*Bârûk (Baruc) Capítulo 3: Versículo 27-28: Yahuah no los escogió
ni les dio el camino del conocimiento; sino que fueron destruidos
por falta de sabiduría y perecieron por su propia necedad.*

*Chănôk (Enoc) Capítulo 15: Versículo 8-12: Y ahora, los nefelinos,
que son producto de los espíritus y la carne, serán llamados
espíritus malignos sobre la tierra, y en la tierra será su morada.
Los espíritus malignos han procedido de sus cuerpos; porque
nacen de los hombres, y de los vigilantes qadôsh es su origen
primordial; serán espíritus malignos sobre la tierra, y serán
llamados espíritus malignos. En cuanto a los espíritus de
shâmayim, en shâmayim será su morada, pero en cuanto a
los espíritus de la tierra que nacieron en la tierra, en la tierra
será su morada. Y los espíritus de los nefelinos afligen, oprimen,
destruyen, atacan, luchan, causan destrucción en la tierra y
causan problemas. No comen, pero aun así tienen hambre y sed,
y causan ofensas. Y estos espíritus se levantarán contra los hijos
de los hombres y contra las mujeres, porque de ellos proceden.*

Nacieron gigantes, pero no solo gigantes; también enanos, elfos,
centauros... todos esos seres híbridos que nos han dicho que son
ciencia ficción.

Pero no lo fueron: fueron seres reales que existieron, deformes
en todas sus formas y malvados hasta el colmo.

*Yôbêl (Jubileos) Capítulo 7: Versículo 22: Y engendraron hijos, los
Nafidim, y todos ellos eran diferentes, y se devoraron unos a otros;
y los Nephilim mataron a los Nafilim, y los Nafilim mataron a los
Elios, y los Elios a la humanidad, y los hombres unos a otros.*

2.4 Seres Híbridos en las Mitologías del Mundo

E sta tabla compara los principales seres híbridos de las mitologías del mundo, mostrando su origen cultural, descripción, significado simbólico y paralelos posibles con los Nephilim o Vigilantes mencionados en las Escrituras.

Cultura / Región	Ser Híbrido	Descripción / Forma	Significado o Rol	Paralelo con los Nefelín / Vigilantes
Hebrea / Apócrifa	Nefelín / Gibborim	Gigantes, hijos de los 'hijos de Êlôhîym' y mujeres humanas	Corrupción de la creación; tzos poderosos	Paralelo directo — origen de linaje híbrido
Mesopotámica	Apkallu (Vigilantes / Abgal)	Parte humana, parte pez o ave	Enseñaron conocimiento prohibido; luego castigados	Seres caídos similares a los Vigilantes de Enoc
Mesopotámica	Lamasu / Shedu	Cabeza humana, cuerpo de toro o león alado	Guardianes de templos y portales	Restos de los 'poderosos' híbridos
Egipcia	Anubis	Cuerpo humano, cabeza de chacal	Guardián de los muertos	Híbrido animal-humano ligado a la muerte
Egipcia	Horus	Cuerpo humano, cabeza de halcón	Dios del cielo, hijo de Isis y Osiris	Símbolo de mezcla divina-humana
Egipcia	Thoth	Cuerpo humano, cabeza de ibis	Dios de la sabiduría y la escritura	Eco de los ángeles caídos que enseñaron artes prohibidas
Griega	Centauro	Mitad hombre, mitad caballo	Conflicto entre instinto e intelecto	Corrupción híbrida de la creación

Griega	Minotauro	Cuerpo de hombre, cabeza de toro	Resultado de unión antinatural	Alegoría directa del nacimiento híbrido prohibido
Griega	Sátiro / Fauno	Mitad hombre, mitad cabra	Lujuria, música, caos	Paralelo a la corrupción sexual de los Vigilantes
Griega	Quimera	León, cabra y serpiente combinados	Monstruo del caos	Símbolo de vida híbrida antinatural
Griega	Sirenas	Mujeres con cuerpo de pez o ave	Seductoras, engañosas	Espíritus híbridos de engaño
Griega / Egipcia	Esfinge	Cabeza humana, cuerpo de león	Guardiana de secretos y portales	Híbrido guardián del conocimiento prohibido
Nórdica / Germánica	Hombres lobo / Berserkers	Transformación humano-animal	Furia, pérdida de control	Posesión o corrupción nefilina
Nórdica / Jotnar	Gigantes (Jotunn)	Descendientes de dioses y gigantes	Caos y rebelión contra el orden divino	Eco nórdico de los Nefelín
Hindú / Védica	Narasimha	Mitad león, mitad hombre	Encarnación divina para hacer justicia	Versión divina de híbrido redentor
Hindú / Védica	Garuda	Mitad hombre, mitad águila	Montura de Vishnu, enemigo de las serpientes	Resto de mezcla divina-animal
Hindú / Védica	Kinnara / Gandharva	Seres celestiales con forma de ave o caballo	Músicos divinos	Paralelos a 'hijos del cielo'
Hindú / Védica	Makara	Bestia acuática híbrida	Vehículo de dioses del agua	Símbolo de mezcla entre reinos
China / Asia Oriental	Reyes Dragones	Humanos-dragon	Guardianes de mares y clima	Eco de seres caídos que gobiernan la naturaleza

Japonesa	Tengu	Humano con cabeza de cuervo	Espíritus guerreros, maestros de artes prohibidas	Vigilantes enseñando conocimiento prohibido
Mesoamericana	Quetzalcóatl	Serpiente emplumada	Dios de la sabiduría y la creación	Paralelo del 'serpiente de conocimiento'
Africana	Mami Wata / Sirenas	Mitad humana, mitad pez	Seductoras, asociadas a la riqueza y engaño	Influencia vigilante seductora
Céltica / Nórdica	Selkies	Transformación entre humano y foca	Doble naturaleza, tragedia	Símbolo de identidad híbrida
Filipina / Asiática	Tikbalang	Cuerpo humano, cabeza de caballo	Trickster, espíritu engañoso	Paralelo demoníaco híbrido

Casi todas las culturas antiguas describen seres mitad humanos y mitad animales, a menudo relacionados con uniones prohibidas, castigos divinos o sabiduría corrupta. Estas historias reflejan el eco del relato de Génesis 6 y Enoc sobre los Nefelín y los Vigilantes. Las escrituras no mienten, nosotros somos los ciegos que no vemos la realidad y el remanente nefelino en el mundo entero.

Estos seres malvados corrompieron toda la creación de Yahuah, uniéndose con bestias, reptiles y aves, creando una serie de deformidades en la creación —totalmente híbridas y malvadas—.

Una creación que no formaba parte de la obra de Yahuah, sino una creada en la tierra, pero malvada en su totalidad, originada por las mujeres y los ángeles Vigilantes.

Comenzaron a devorar la creación de Yahuah Êlôhîym hasta casi consumirla por completo.

Y cuando ya no quedaban muchos humanos que devorar,

comenzaron a devorarse entre ellos.

El pecado, por primera vez, llegó a una escala tal que la presencia de Yahuah Êlôhîym fue alertada.

2.5 Chănôk (Enoc) y el Pacto de la Pureza
(El nacimiento del hombre que caminó con Yahuah y fue llevado sin ver la muerte)

Entonces Yahuah envió el nacimiento de un hombre increíble en la humanidad: Enoc, quien fue apartado por Yahuah Êlôhîym por su pureza.

Yahuah dictó sentencia contra los ángeles Vigilantes que pecaron y se corrompieron, aquellos que menospreciaron su estado de eternidad en los cielos; usando a Chănôk como instrumento.

Les mandó a decir que, por la multitud de sus pecados, nunca más podrían hablar con Yahuah Êlôhîym —"comunicación totalmente cortada"— ni levantar sus ojos a los cielos por la descendencia maldita creada por ellos.

Les declaró que, así como se habían complacido en su creación malévola, verían cómo todos sus hijos malditos serían devorados y aniquilados, y ellos, como padres, contemplarían la destrucción de sus preciados hijos sin poder hacer nada.

Entonces los Vigilantes suplicaron a Enoc, el humano, que intercediera por ellos ante Yahuah Êlôhîym; pero Yahuah les mandó a decir que ninguna petición sería escuchada y que no habría redención, perdón ni misericordia por su gran pecado ni por el de sus hijos.

Chănôk (Enoc) - Capítulo 13: Versículo 5: Pues desde entonces no pudieron hablar con él ni alzar la vista al shâmayim, avergonzados por los pecados por los que habían sido condenados.

Chănôk (Enoc) Capítulo 14: Versículo 4-7: ...su petición no les será concedida durante toda la eternidad, y que el juicio ha recaído sobre ustedes: Sí, su petición no les será concedida. Y de ahora en adelante no subirán al shamayim por toda la eternidad, y en los lazos de la tierra se ha promulgado el decreto para atarlos por todos los días del mundo. Y que antes habrán visto la destrucción de sus amados hijos y no se complacerán en ellos, sino que caerán ante ustedes a espada. Y su petición por ellos no será concedida, ni siquiera la de ustedes por ustedes mismos, aunque lloren, oren y pronuncien todas las palabras contenidas en el escrito que he escrito.

Chănôk (Enoc) Capítulo 15: Versículo 2: Y ve y di a los Vigilantes del Shamayim, que te han enviado a interceder por ellos: ustedes deben interceder por los hombres, y no los hombres por ustedes.

Los ángeles vigilantes que antes tenían sus moradas con Yahuah Êlôhîym, ahora no pueden ni alzar sus ojos al cielo por el gran pecado que cometieron. Los ángeles fueron creados para interceder por los hombres, pero algo increíble ha pasado, esos mismos ángeles que antes intercedían por los hombres, ahora van al hombre (Chănôk) para que interceda por ellos.

Escriben sus peticiones y se las entregan a Chănôk para que sea el humano quien la presente a Yahuah Êlôhîym, pero el pecado ya fue consumado y también la sentencia. Ninguna petición por misericordia ni perdón por sus pecados ni mucho menos por los hijos malignos que engendraron serian escuchado nunca.

Sino que antes de los ángeles vigilantes ser encarcelados en prisiones oscuras verían a sus hijos ser exterminados y nada podían hacer. Sus hijos amados serian exterminados y ellos presenciarían tal ejecución sin poder mover un dedo. Ellos querían que sus hijos amados vivieran para siempre que tuvieran acceso a la eternidad; este fue el deseo de los ángeles vigilantes.

Chănôk (Enoc) Capítulo 12: Versículo 4-6: Enoc, escriba de justicia, ve y declara a los Vigilantes del Shamayim que han abandonado el alto Shamayim, el lugar eterno del Qadôsh, y se han contaminado con mujeres, y han hecho como los hijos de la tierra, y han tomado mujeres para sí: Han causado gran destrucción en la tierra; y no tendrán paz ni perdón de pecados. Y puesto que se deleitan en sus hijos, verán la muerte de sus amados, y se lamentarán por la destrucción de sus hijos, y suplicarán por la eternidad, pero no alcanzarán misericordia ni paz.

Capítulo 3
Humanidad caída, tierra corrompida, juicio inminente

(Cuando la maldad del hombre llegó a su plenitud y la tierra se llenó de violencia)

3.1 Estado de la humanidad antes del Diluvio

Este es el estado de la humanidad después del nacimiento de los hijos de las mujeres y los ángeles vigilantes, los que conocemos como nefelinos.

> *Yôbêl (Jubileos) Capítulo 5: Versículo 2-5: Y el desenfreno se extendió por la tierra, y toda carne corrompió su camino: hombres, ganado, bestias, aves y todo lo que anda sobre la tierra. Todos corrompieron sus caminos y sus órdenes, y comenzaron a devorarse unos a otros. El desenfreno se extendió por la tierra, y toda imaginación de los hombres era continuamente malvada. Êlôhîym miró la tierra, y he aquí que estaba corrompida, y toda carne había corrompido sus órdenes, y todos los que estaban sobre la tierra habían obrado toda clase de maldad ante sus ojos. Y dijo que destruiría al hombre y a toda carne sobre la faz de la tierra que él había creado.*

Vamos a analizar en forma breve algunos puntos del texto, para ver si en verdad entendemos lo que está sucediendo y que es realmente lo que aconteció, no lo que imaginamos ni lo que nos han dicho, sino lo que realmente dicen las Escrituras.

Acabamos de ver que los nefelinos estaban exterminando o

devorando a los humanos (creación de Yahuah). Los nefelinos fueron los que se corrompieron y se contaminaron con todo hombre, ganado, bestias, etc. No fue el hombre creado por Yahuah, fue la creación de las mujeres y los ángeles vigilantes. Y esta imaginación o pensamiento continuamente al mal, es el pensamiento nefelino (no tienen el gen del espíritu de Yahuah), los nefelinos obraron y corrompieron toda la creación.

El motivo de la destrucción o juicio de exterminio, no tiene que ver con los humanos que Yahuah Êlôhîym creo, tiene que ver que la raza diabólica creada por las mujeres y los ángeles vigilantes.

3.2 Nacimiento de Nôach

(El nacido bajo señales celestiales para romper la maldición de los Vigilantes y renovar la descendencia santa)

Chănôk (Enoc) Capítulo 106: Versículo 1-3: Algunos días después, mi hijo Metushelach tomó una mujer para su hijo Lemek, y ella quedó embarazada de él y dio a luz un hijo. Su cuerpo era blanco como la nieve y rojo como la flor de una rosa; su cabello y sus largas trenzas eran blancos como la lana, y sus ojos hermosos. Al abrir los ojos, iluminó toda la casa como el sol, y toda la casa resplandeció. Entonces se levantó en manos de la partera, abrió la boca y conversó con Yahuah Tsedâqâh.

Este es el nacimiento más increíble que he visto en las escrituras, el nacimiento de Nôach (Noé). El padre Lemek hasta sale corriendo porque piensa que no es su hijo, por la manera tan sorprendente como nació, pero este tenía un propósito claro de parte de Yahuah. El niño nace e inmediatamente nace hablando con Yahuah. Creo que hasta yo saldría corriendo con algo así.

Chănôk (Enoc) Capítulo 106: Versículo 15-16-18: Sí, vendrá una gran destrucción sobre toda la tierra, y habrá un diluvio y una gran destrucción durante un año. Y este hijo que te ha nacido quedará en la tierra, y sus tres hijos se salvarán con él. Cuando muera toda la humanidad sobre la tierra, él y sus hijos se salvarán. Y ahora haz saber a tu hijo Lemek que el que ha nacido es en verdad su hijo, y llama su nombre Nôach (Noé); porque te será dejado, y él y sus hijos serán salvos de la destrucción que vendrá sobre la tierra a causa de todo el pecado y de toda la injusticia que se consumará en la tierra en sus días.

Esta es la profecía del nacimiento de Nôach, quien entonces se convertiría en el padre de toda la humanidad.

3.3 Anuncio del Diluvio

(Yahuah dicta juicio contra la creación maldita).

Yahuah levantó entonces a otra criatura: Nôach, quien fue excepcional desde su nacimiento, totalmente puro. Nació hablando y adorando a Yahuah desde su primer instante de vida; su rostro era como el de un ángel, radiante y luminoso.

Berēshīṯh (Génesis) - Capítulo 6: Verse-13-17-18: Y dijo ĔLÔHÎYM a Nôach: El fin de toda carne ha venido delante de mí; porque la tierra está llena de violencia a causa de ellos; y he aquí que yo los destruiré con la tierra. Y yo, he aquí que yo traigo un diluvio de aguas sobre la tierra, para destruir toda carne en que haya rûach de vida debajo del cielo; todo lo que hay en la tierra morirá. Más estableceré mi pacto contigo, y entrarás en el arca tú, y tus hijos y tu mujer, y las mujeres de tus hijos contigo.

"Porque la tierra está llena de violencia a causa de ellos". A ver si estamos leyendo lo que dice Berēshīṯh (Génesis), ¿violencia a causa de quiénes? A causa de los nefelinos, si lees el contexto del capítulo te darás cuenta que la narración es clara, esa violencia y maldad, no es por el ser humano que Yahuah creó, es por el nefelino, raza maldita y creación aberrante que vino de la mujer y los ángeles vigilantes. Yahuah está salvando lo único que queda puro de toda su creación, porque lo demás fue completamente devorado por los nefelinos.

Y lo repito una vez más para ver si entendemos, la destrucción, la maldad no es por el humano creado por Yahuah, es por el ser hibrido creado por las mujeres y los ángeles vigilantes, entiéndase por los nefelinos.

Yôbêl (Jubileos) Capítulo 5: Versículo 21-22: Y le ordenó a Nôach (Noé) que le construyera un arca para salvarse de las aguas del diluvio. Y Noé hizo el arca en todos sus aspectos, tal como le había ordenado, en el vigésimo séptimo jubileo de años, en el quinto septenario del quinto año, al comienzo del primer mes.

Yahuah mandó a Nôach a construir el arca porque iba a destruir esa creación maldita —nunca su creación humana, sino la creación maldita, los hijos de las mujeres y de los ángeles Vigilantes.

3.4 Las Barcas de los Nefelín

(Antes del diluvio, los hijos de los Vigilantes intentaron escapar del decreto divino con sus propias embarcaciones)

No es un secreto el diluvio: los ángeles Vigilantes sabían del juicio decretado, y, del mismo modo, enviaron a sus hijos a construir barcas.

Las barcas o barcos de los nefelinos —hijos de los ángeles Vigilantes— contenían de metal, pero el arca que Yahuah mandó a Nôach a construir era completamente de madera.

Nôach construyó un arca, pero los nefelinos construyeron cientos de barcos para intentar escapar del juicio que había sido decretado contra esa creación maldita, completamente corrupta, que había destruido toda la creación de Yahuah.

En el libro del demonio nefelino enki (The lost book of Enki), libro oculto (NO BIBLICO), se puede encontrar el relato o el episodio donde los Anaqiy o Anunnaki construyen muchos barcos tratando que sus hijos nefelinos escaparan, y todos fueron ahogados, con excepción de uno.

¡El propósito de la barca, un secreto de los Anunnaki, debe permanecer con ustedes! Página 170 Descendamos en Torbellinos desde las barcas celestiales sobre la cima de Arrata, pagina 175 En sus Torbellinos sobrevolaron la otra cima de Arrata, vieron la barca de Ziusudra, y junto al altar que él había construido desembarcaron.

Antes de dicha destrucción, Yahuah decidió llevarse a Chǎnôk al jardín del Edén o al paraíso en vida, con un propósito profético para el final de los tiempos.

Murieron todas esas generaciones antes del diluvio: la generación de Yarad, de Chǎnôk, Methûshâêl y Lemek; solo quedó la generación de Nôach, su mujer, sus hijos y las esposas de sus hijos: ocho personas en total.

Todo el resto de la humanidad era corrupción completa de los nefelinos, descendientes de las mujeres y de los ángeles Vigilantes —malvados en su totalidad y sin el "chip" de conexión espiritual para acercarse a Yahuah, llevando solo el chip carnal, diabólico y destructor—.

3.5 Diluvio

(La purificación de la tierra y el rescate del linaje puro de Nôach).

El diluvio fue enviado y toda esa raza maldita fue exterminada —o, más bien, casi toda esa raza.

Yôbêl (Jubileos) Capítulo 7: Versículo 21-24: Porque debido a estas tres cosas vino el diluvio sobre la tierra, es decir, debido a la fornicación con la que los Vigilantes, en contra de la ley de sus ordenanzas, se prostituyeron con las hijas de los hombres y tomaron mujeres de todas las que eligieron; y así dieron origen a la impureza. Y engendraron hijos, los Nafidim, y todos eran diferentes, y se devoraban unos a otros; y los Nefilim mataron a los Nafilis, y los Nafilis mataron a los Eliot, y los Eliot a la humanidad, y unos a otros. Y cada uno se entregó a la iniquidad y a derramar mucha sangre, y la tierra se llenó de iniquidad. Y después de esto pecaron contra las bestias, y contra las aves, y contra todo lo que se mueve y anda sobre la tierra; y mucha sangre fue derramada en la tierra, y todo designio y deseo de los hombres imaginaba continuamente vanidad y maldad.

Resumen de las tres causas:

1) Unión de los vigilantes con las mujeres.

2) Engendraron hijos impuros – diferentes en formas y tamaños.
Origen de la impureza.

3) El pecado de esas criaturas contra toda la creación.

Nôach y su familia, ocho miembros en total, fueron los únicos sobrevivientes de la raza humana pura y creación de Yahuah, junto con todas las especies de animales que fueron preservadas en el arca con Nôach. Pero...

3.4 Una una familia de los nefelinos que sobrevivió al diluvio

(El origen de los reinos nefelinos después del diluvio.)

Lo que nunca te han dicho ni expresado es que, de los cientos de barcos de los nefelinos, todos fueron ahogados y destruidos con excepción de una familia de los nefelinos que sobrevivió al diluvio, cuyo barco encalló en las montañas de Arrata, en Turquía.

El hijo del dios extraterrestre —o, mejor dicho, del demonio o ángel vigilante que se corrompió— conocido como Enki, junto con su hijo y familia, sobrevivieron.

Sin embargo, el arca de Nôach encalló en otra parte de las montañas, colindando con Armenia, o más bien, al otro lado de las montañas de Ararat, en el pico más alto del mundo, conocido como el Monte Lubar, dentro de las cordilleras del Himalaya, lo que hoy conocemos como el Monte Everest.

Yôbêl (Jubileos) - Capítulo 5: Versículo 28: Y el arca se fue y se posó en la cima del Lûbâr, uno de los montes de Ărâraț.

Jubileos te dice lo mismo que Berēshīt̠h, en las montañas de Ararat y te da el lugar específico que es la cima del Lubar. Veamos que es el Lubar o donde se encuentra.

Berēshīt̠h (Génesis) - Capítulo 8: Verse-4: Y reposó el arca en el mes séptimo, a los diecisiete días del mes, sobre los montes de Ărâraț.

Bereshith te dice que el arca de Nôach encalló sobre los montes (montes... varios no uno) Ararat, entiéndase que es una región montañosa y en uno de los montes del Ararat encalló, y te especifica en el más alto de todo la humanidad.

Berēshīt̠h (Génesis) - Capítulo 7: Verse-19: Y las aguas prevalecieron mucho en extremo sobre la tierra; y todos los montes altos que había debajo de todos los cielos, fueron cubiertos.

La confusión está en el plural de las palabras y esta es la herramienta de mentira que ha usado el enemigo para confundir y ocultar el lugar donde encallo el arca de los nefelinos (monte ararat) y no el arca de Nôach.

"El Monte Ararat se encuentra en el extremo oriental de Turquía, muy cerca de las fronteras con Armenia e Irán."

Veamos evidencia historia de la existencia del Lubar. "El grupo de Mummery había cruzado este paso de Mazeno, a 5.400 metros, y había descendido a Lubar, en la cabecera del valle de Bunar. Página 11. Al final, el resto nos unimos a Collie y Raghobir y todos descendimos por el glaciar de Lubar, unos 2.100 metros por debajo del paso, hasta el asentamiento de pastores en el Alpe de Lubar, por así decirlo. Página 14. El día que pasé bordeando la gran cresta que me separaba del Alpe de Lubar no fue nada monótono. Página 15".

Y recuerden que es la memoria de las Himalaya, entonces entendemos que el Lubar es parte de las Himalaya y que tiene fronteras con Turquía y con armenia (Armenia es parte de la gran cordillera de los Alpes-Himalaya). Existen muchas montañas altas en las fronteras de China, India and Nepal (donde encalló el arca de Nôach), exactamente en Everest, que es el monte o montaña más alta del mundo, aunque existan más de cien montanas altas, esa es la más alta del mundo.

Ărârat̩: o más bien Armenia. Una región montañosa del este de Armenia, entre el río Araxes y los lagos Van y Oroomiah, el lugar donde se posó el arca de Noé.

Armenia está situada en el sur de Transcaucásica y cubre la parte noreste de las tierras altas armenias (situadas en la cordillera de los Alpes-Himalaya). Armenia no tiene salida al mar y limita al norte con Georgia, al este con Azerbaiyán, al oeste con Turquía y al sur con Irán. Desde finales de la Edad Media (1492), el Ararat del arca se ha identificado con el actual monte Ararat en Turquía.

Como ven, es parte de la excursión de mentira y engaño de los descendientes de los nefelinos, que solo a partir del 1492 es cuando comienzan la campaña del gran engaño, predicando y enseñando el arca de los nefelinos como si fuera la de Nôach, cuando en realidad es el arca de los demonios que han enseñado.

El Himalaya (del sánscrito हिमालय, himālaya [pr. jimaalaia], donde hima, 'nieve', y ālaya, 'morada', 'lugar') es una cordillera situada en el continente asiático, y se extiende por varios países: Bután,

Nepal, China, Birmania, India y Pakistán.

Es la cordillera más alta de la Tierra, con 8850 m s. n. m. de altura, según la medición más reciente, publicada en diciembre del 2020. Hay más de cien cimas que superan los 7000 metros y catorce cimas de más de 8000 metros de altura. Pero solo una cumple con la descripción bíblica de la cima más alta del mundo "El monte Everest o Éverest es la montaña más alta de la superficie del planeta Tierra, con una altitud de 8848,86 metros (29 032 pies) sobre el nivel del mar."

Capítulo 4
Sombras sin cuerpo que vagan por la tierra desde los días del Diluvio

(Los hijos del caos que atormentan a la humanidad)

4.1 Demonios o ángeles malignos

(Los espíritus errantes nacidos de la unión prohibida).

Cuando fueron exterminados todos los hijos de las mujeres con los ángeles Vigilantes —es decir, los nefelinos—, estos, como no eran parte de la creación, no tenían lugar donde ir ni descansar.

Los hombres tienen su morada en la tierra y, al morir, van a su lugar de descanso; los ángeles no mueren.

Pero todos estos híbridos muertos se convirtieron en lo que hoy conocemos como espíritus malignos o demonios.

La unión de las mujeres con los ángeles Vigilantes trajo una raza deforme y completamente maligna, que fue casi aniquilada en su totalidad.

Los espíritus de estos muertos, al no tener lugar en ninguna parte de la creación, quedaron deambulando sobre la tierra: ellos son los espíritus malignos o demonios.

Estos fueron creados en la tierra, por lo tanto, su morada está en la tierra.

Fueron creados por humanos (mujeres y ángeles Vigilantes), y por eso atormentan a la raza humana. No comen ni beben, pero siempre tienen hambre y sed.

Chănôk (Enoc) - Capítulo 15: Versículo 8- 12: Y ahora, los nefelinos, que son producto de los espíritus y la carne, serán llamados espíritus malignos sobre la tierra, y sobre la tierra será su morada. Los espíritus malos proceden de sus cuerpos, porque han nacido de humanos y de los santos Vigilantes es su comienzo y origen primordial. Estarán los espíritus malos sobre la tierra y serán llamados espíritus malos. Los espíritus del cielo tienen su casa en el cielo y los espíritus de la tierra que fueron engendrados sobre la tierra tienen su casa en la tierra. Y los espíritus de los gigantes, de los Nefelinos, que afligen, oprimen, invaden, combaten y destruyen sobre la tierra y causan penalidades, ellos aunque no comen tienen hambre y sed y causan daños. Estos espíritus se levantarán contra los hijos de los hombres y contra las mujeres porque de ellos proceden.

Estos son los precursores de toda maldad y toda enfermedad en la raza humana.

Antes de esta aberración o creación maldita, antes de la muerte de estos seres híbridos y malvados, no existían los demonios ni las enfermedades.

Todas fueron traídas por los demonios, producto o resultado de la unión de las mujeres con los ángeles Vigilantes, quienes, queriendo crear su propia descendencia, engendraron la peor aberración que acabó con la raza humana y terminará, una vez más, con esta creación.

4.2 ¿Cuál es la perdición de la humanidad?

(La causa detrás de la caída del hombre.)

La humanidad sigue hipnotizada y maravillada con las enseñanzas y supuestas ciencias de los vigilantes. Y en muchos casos, hermanos en Yahuah también, sin comprender que la causa de toda destrucción fueron esas enseñanzas y al final, esas mismas enseñanzas llevaran a la destrucción por fuego.

Chănôk (Enoc) - Capítulo 10: Versículo 7-8-15: Y sana la tierra que los ángeles han corrompido, y proclama la sanación de la tierra, para que puedan sanar la plaga, y para que todos los hijos de los hombres no perezcan por todos los misterios que los Vigilantes han revelado y enseñado a sus hijos. Y toda la tierra ha sido corrompida por las obras que enseñó Ăzâzêl: a él atribúyele todo pecado. Y destruirás todos los espíritus de los réprobos y a los hijos de los Vigilantes, porque han hecho mal a la humanidad.

Chănôk (Enoc) - Capítulo 16: Versículo 3: Han estado en el shamayim, pero aún no se les habían revelado todos los misterios, y conocían algunos sin valor, y con la dureza de sus corazones los han dado a conocer a las mujeres, y mediante estos misterios, mujeres y hombres causan mucho mal en la tierra.

Chănôk (Enoc) - Capítulo 19: Verso 1: Y Ûrı ̂yêl me dijo: Aquí estarán los ángeles que se han unido a las mujeres, y sus espíritus, adoptando diversas formas, están contaminando a la humanidad y la extraviarán para que sacrifique a demonios como dioses. Aquí estarán hasta el día del gran juicio, en el que serán juzgados hasta su exterminio.

Chănôk (Enoc) - Capítulo 65: Versículo 11: Y estos no tienen lugar de arrepentimiento para siempre, porque les han revelado lo oculto, y son los condenados. Pero en cuanto a ti, hijo mío, Yahuah de los Ruach sabe que eres puro e inocente de este reproche concerniente a los secretos.

No creo que las escrituras sean más claras o ¿será que nosotros no queremos ver ni entender? Todas estas supuestas ciencias y enseñanzas que no estaban destinadas para el humano aprender y que fueron enseñadas por los vigilantes y sus mujeres, todas llevan al mismo camino "destrucción"

4.3 Maśṭêmâh a Través de las Generaciones

(El ángel del juicio y la prueba del hombre).

Maśṭêmâh es un ángel poderoso mencionado en las Escrituras, del cual poco se ha revelado, y alrededor de quien existen muchas confusiones y enseñanzas distorsionadas.

Por mucho tiempo se ha dicho que no fue él quien engañó a Chawwâh (Eva) en el jardín, sino otro ser llamado Gadreel o Gadriel.

Sin embargo, al observar con mayor profundidad los escritos antiguos, surge la posibilidad de que ambos nombres se refieran al mismo espíritu rebelde — el que se levantó contra la verdad desde el principio y sembró la corrupción en la creación de Yahuah.

¿Quién es este personaje y porque es importante conocerlo? En las biblias tradicionales este personaje ha sido completamente ocultado, pero en realidad tiene un rol que todos deberíamos conocer.

Su primera mención como tal se encuentra en el libro de Oseas, y obvio para verlo tienen que ver el hebreo original o leerlo en Dabar Yahuah – Escrituras Yahuah.

Hôshêa (Oseas) - Capítulo 9: Verse-7-8: Vinieron los días de la visitación, vinieron los días de la paga; lo conocerá Yâshârêl: necio el profeta, insensato el hombre de rûach, a causa de la multitud de tu maldad, y el príncipe Maśṭêmâh. Vigilante es Ephrayim para con mi ĔLÔHÎYM: el profeta es lazo de cazador en todos sus caminos, Maśṭêmâh en la casa de su ĔLÔHÎYM.

Si leen el contesto completo de este capítulo entenderán que Yahuah está decretando su juicio por la multitud de la maldad y por el príncipe Maśṭêmâh, porque lo tienen en la casa de Êlôhîym usurpando en lugar de Êlôhîym.

Maśṭêmâh (הַמַּטְשָׂמ): se traduce como enemistad u odio. Sin embargo, este es un personaje real que aparece en todas las escrituras.

En el Libro de los Jubileos se menciona a Maśṭêmâh como el líder de los espíritus malignos que sobrevivieron al Diluvio, aquel que pidió permiso a Yahuah para poner a prueba a los hombres y desviarlos del camino de la justicia.

Por otro lado, en el Libro de Chănôk (Enoc) se nombra a Gadreel como el que sedujo a Chawwâh y enseñó a los hombres el arte de la guerra y la destrucción.

Ambos son descritos como instigadores del mal, enemigos de la verdad y portadores de conocimiento corrupto.

Por eso, no es descabellado pensar que Maśṭêmâh y Gadreel sean el mismo espíritu manifestado bajo distintos nombres, cumpliendo una misma misión: engañar, destruir y oponerse al propósito eterno de Yahuah desde el principio hasta el fin.

Ahora veamos las menciones para que salgamos del engaño y ceguera. Y a ver si podemos entender quién es Maśṭêmâh y cuál es su verdadero papel en la humanidad.

4.4 Maśṭêmâh y sus secuaces

(El líder de los espíritus caídos que aún rondan la tierra).

Maśṭêmâh es el ángel encargado de todos los espíritus malignos o demonios —el 10% que pidió permiso a Yahuah— y sigue rondando la tierra.

No ha sido juzgado, sigue desempeñando sus funciones y tiene acceso constante al cielo, a la presencia de Yahuah Êlôhîym.

Yôbêl (Jubileos) - Capítulo 10: Versículo 8-9: Y el jefe de los espíritus, Mastêmâ, vino y dijo: Yahuah, Bârâ, que algunos de ellos permanezcan ante mí, que escuchen mi voz y hagan todo lo que les diga; porque si no me dejas algunos de ellos, no podré ejercer mi voluntad sobre los hijos de los hombres; pues estos son para corrupción y extravío ante mi juicio, pues grande es la maldad de los hijos de los hombres. Y dijo: Que la décima parte de ellos quede delante de él, y que nueve partes desciendan al lugar de la condenación.

Yahuah, como castigo, encarceló a todos los ángeles Vigilantes que se corrompieron con las mujeres, encerrándolos en prisiones oscuras hasta el día del juicio final.

Y cuando iba a encarcelar a todos los demonios junto con sus padres, Maśṭêmâh —quien no es un ángel caído, sino un ángel con un propósito específico— intercedió ante Yahuah y le pidió que le asignara el 10% de esos demonios para poder cumplir la tarea que le había sido encomendada.

Yôbêl (Jubileos) - Capítulo 11: Versículo 4-5: Se hicieron imágenes de fundición y adoraron cada uno al ídolo, la imagen de fundición que se habían hecho. Comenzaron a hacer imágenes talladas y simulacros impuros, y espíritus malignos los ayudaron y los sedujeron para que cometieran transgresiones e impureza. Y el príncipe Mastêmâ se esforzó por hacer todo esto, y envió otros espíritus, los que fueron puestos bajo su control, para cometer toda clase de injusticias, pecados y transgresiones, para corromper, destruir y derramar sangre sobre la tierra.

Yahuah accedió a su pedido, y Maśṭêmâh se convirtió en el líder del 10% de los demonios que rondan la tierra, siempre buscando a quién devorar, atormentando y atacando a los hijos de los hombres y mujeres de quienes proceden.

Solo el 10% fue dejado libre; el 90% restante está en prisiones oscuras.

4.5 Maśṭêmâh y los cuervos reprendidos por Abraham

(El príncipe de la oscuridad enfrentado por la fe del justo).

Yôbêl (Jubileos) - Capítulo 11: Versículo 18-21: Y llegó la época de la siembra, y todos salieron juntos para proteger su semilla de los cuervos. Abraham salió con los que iban, y el niño era un muchacho de catorce años. Una nube de cuervos vino a devorar la semilla, y Abraham corrió a su encuentro antes de que se posaran en el suelo, y les gritó antes de que se posaran en el suelo para devorar la semilla, y les dijo: «No desciendan; regresen al lugar de donde vinieron». Y ellos procedieron a regresar. E hizo que las nubes de cuervos regresaran ese día setenta veces, y de todos los cuervos en toda la tierra donde Abraham estaba, no se posó allí ni uno solo. Y todos los que estaban con él en toda la tierra lo vieron gritar, y todos los cuervos se volvieron; y su nombre se hizo grande en toda la tierra de Kaśđıy.

Esta es una de las primeras hazañas de Abraham cuando joven, Abraham entonces reprende a los cuervos enviados por el príncipe Maśṭêmâh durante todo el día y al final, todos se van después de ser reprendidos.

Capítulo 5
La fe contra la acusación

El diálogo celestial que desató la prueba del sacrificio)

5.1 Maśṭêmâh pide probar a Abraham

(El desafío de sacrificar a Yitschâq).

Ya Abraham se había metido en los asuntos del príncipe Maśṭêmâh, líder de todos los demonios.

> *Berēshīṯh (Génesis) - Capítulo 22: Verse-1, 2, 9-12: Y acontecíó después de estas cosas, que tentó ĔLÔHÎYM a Abrâhâm, y le dijo: Abrâhâm. Y él respondió: Heme aquí. Y dijo: Toma ahora tu hijo, tu único, Yitschâq, a quien amas, y vete a tierra de Môriyâh, y ofrécelo allí en holocausto sobre uno de los montes que yo te diré. Y cuando llegaron al lugar que ĔLÔHÎYM le había dicho, edificó allí Abrâhâm un altar, y compuso la leña, y ató a Yitschâq su hijo, y lo puso en el altar sobre la leña. Y extendíó Abrâhâm su mano, y tomó el cuchillo, para degollar a su hijo. Entonces el ángel de YAHUAH lo voceó desde el cielo, y dijo: Abrâhâm, Abrâhâm. Y él respondió: Heme aquí. Y dijo: No extiendas tu mano sobre el muchacho, ni le hagas nada; que ya conozco que temes a ĔLÔHÎYM, pues que no me rehusaste tu hijo, tu único.*

Todos conocemos el relato de Abraham o en realidad creemos saber o conocer bien el relato, pero solo cuando vemos el relato comparado en el libro de Jubileos, podemos entender la magnitud de lo que realmente sucedíó.

Yôbêl (Jubileos) - Capítulo 17: Versículo 16: Y el príncipe Mastêmâ vino y dijo ante Elôhîym: «Mira, Abraham ama a su hijo Yitschâq, y se deleita en él por encima de todo; pídele que lo ofrezca como ofrenda encendida sobre el altar, y verás si cumple este mandato, y sabrás si es fiel en todo lo que le pongas a prueba».

Yôbêl (Jubileos) Capítulo 18: Versículo 9-11: Me paré ante él y ante el príncipe Mastêmâ, y Yahuah dijo: «No pongas mano sobre el muchacho ni que le hagas nada, pues he demostrado que teme a Yahuah». Lo llamé desde el shâmayim y le dije: «¡Abraham, Abrahán!». Y se asustó y dijo: «¡Aquí estoy!» Y el príncipe Mastêmâ fue avergonzado; y alzó Abraham sus ojos y miró, y he aquí un carnero trabado... por sus cuernos, y fue Abraham y tomó el carnero y lo ofreció en holocausto en lugar de su hijo.

Estamos entendiendo lo que realmente pasa detrás de escena, Maṣṭêmâh es quien pide probar a Abraham y Yahuah acede al pedido, y Abraham pasa la prueba del príncipe Maṣṭêmâh y con su acción de fe puso en ridículo o avergonzó a Maṣṭêmâh.

Prestemos mucha atención para poder abrir nuestros ojos a la verdad y al entendimiento que Yahuah nos presenta.

5.2 Abraham bendice a Yaqoob

(La promesa de Yahuah de protección contra los espíritus de Maṣṭêmâh)

Cuando Abraham está dando su bendición sobre Yaăqôb, le dice esto:

> Yôbêl (Jubileos) - Capítulo 19: Versículo 28: Y los espíritus de Mastêmâ no se enseñorearán de ustedes ni de su descendencia para apartarlos de Yahuah, quien es su Êlôhîym desde ahora y para siempre.

Abraham sabe y conoce quien es el comandante de todos los demonios, nosotros somos los que hemos perdido ese conocimiento o que lo han tenido escondido para que no sepamos. Que bendición tan hermosa y con sabiduría. Pero esto no es todo, seguimos con las hazañas de Maṣṭêmâh.

5.3 Maśṭêmâh intenta matar a Môsheh (Moisés)

(El adversario en la sombra del éxodo).

Yo siempre me preguntaba y nunca entendía bien que significaba este pasaje, a decir verdad nunca entendí este acontecimiento en las escrituras hasta leerlo en el libro de Jubileos.

Šhemōṯh (Éxodo)- Capítulo 4: Verse-24-26: Y aconteció en el camino, que en una posada le salió al encuentro YAHUAH, y quiso matarlo. Entonces Tsippôrâh tomó una piedra afilada, y cortó el prepucio de su hijo, y lo echó a sus pies, diciendo: A la verdad tú me eres un esposo de sangre. Así le dejó luego ir. Y ella dijo: Esposo de sangre, a causa de la circuncisión.

¿Cómo es que Yahuah le salió al encuentro y trato de matarlo? Pero si fue Yahuah quien lo envió a liberar a su pueblo, entonces como es que trata de matar a su enviado Môsheh. Éxodo me está diciendo que Yahuah le salió el encuentro a Môsheh y que quiso matarlo. Pero si Yahuah lo hubiese querido muerto no lo enviaría, ni mucho menos rescataría a Môsheh desde niño. Como que algo siempre me faltaba en esta historia, algo no estaba bien. Leámosla ahora en Jubileos.

Yôbêl (Jubileos) Capítulo 48: Versículo 2-4: Y tú mismo sabes lo que te dijo en el monte Siynay, y lo que el príncipe Mastêmâ deseaba hacer contigo cuando regresabas a Mitsrayim (Egipto) por el camino, cuando lo encontraste en el albergue. ¿Acaso no intentó con todas sus fuerzas matarte y librar a Egipto de tu poder al ver que eras enviado para ejecutar juicio y venganza contra Egipto? Y yo te libré de su poder, e hiciste las señales y prodigios que se te encomendó realizar en Egipto contra Faraón, contra toda su casa, contra sus siervos y su pueblo.

Ahora todo tiene sentido, ahora puedo verdaderamente comprender lo que aconteció, Maśṭêmâh estaba comandando los egipcios y cuando vio que Yahuah había enviado a Môsheh para liberar su pueblo, trato de matar a Môsheh en el camino para librar a Mitsrayim (Egipto).

5.4 Maśṭêmâh con los egipcios

(El espíritu de destrucción que se opuso a Yâshârêl).

Entienden que el pueblo de Yâshârêl estaba como esclavo en Egipto y que el príncipe Maśṭêmâh estaba como líder de los egipcios obrando opresión a través de los egipcios a Yâshârêl.

Yôbêl (Jubileos) - Capítulo 48: Versículo 9-13: Y el príncipe Mastêmâ se alzó contra ustedes y trató de entregarlos en manos del Faraón. Él ayudó a los hechiceros de Egipto, quienes se alzaron y obraron delante de ustedes. Ciertamente les permitimos que obraran los males, pero no permitimos que sus manos obraran los remedios. Y Yahuah los hirió con úlceras malignas, y no pudieron mantenerse en pie, pues los destruimos de modo que no pudieron realizar ni una sola señal. Y a pesar de todas estas señales y prodigios, el príncipe Mastêmâ no se avergonzó porque se armó de valor y clamó al Mitsꞟiy para que los persiguiera con todo el poder del Mitsꞟiy, con sus carros, con sus caballos y con todas las huestes de los pueblos de Mitsrayim. Y yo me puse entre Egipto y Yâshârêl, y libramos a Yashareel de su mano, y de la mano de su pueblo, y los hizo pasar Yahuah por en medio del mar como por tierra seca.

Siempre hemos leído como Yahuah endurecía el corazón del Faraón para mostrar su poder, sin embargo Jubileos nos muestra el panorama completo, como el príncipe Maśṭêmâh está detrás de los egipcios y Yahuah usa su orgullo para endurecer el corazón del Faraón y los egipcios para mostrar su maravilloso poder.

5.5 Maśṭêmâh atado y el pueblo liberado

(El juicio sobre el adversario durante la redención de Yâshârêl).

La influencia de Maśṭêmâh era tan grande sobre el pueblo que sirve a Maśṭêmâh (Egipto), que es necesario atar a Maśṭêmâh para liberar al pueblo de Yâshârêl.

Yôbêl (Jubileos) - Capítulo 48: Versículo 15-18: Y el día catorce, el quince, el dieciséis, el diecisiete y el dieciocho, el príncipe Mastêmâ fue atado y encarcelado detrás de los hijos de Yâshârêl para que no los acusara. Y el día diecinueve los soltamos para que ayudara a los Mitsſıy y persiguieran a los hijos de Yâshârêl. Y él endureció sus corazones y los hizo obstinados, y el plan fue planeado por Yahuah nuestro Êlôhîym para herir a los Mitsſıy y arrojarlos al mar. Y el día catorce lo atamos para que no acusase a los hijos de Yâshârêl el día en que pidieron al Mitsſıy vasos y vestidos, vasos de plata, vasos de oro y vasos de bronce, para despojar al Mitsſıy a cambio de la servidumbre en la que los habían obligado a servir.

5.6 Maśṭêmâh mata a todos los primogénitos de Egipto

(La ejecución del juicio final sobre los enemigos de Yahuah).

Pero aún no ha pasado la prueba más grande, hemos leído como Yahuah hirió a todos los primogénitos de Egipto. Y Éxodo nos dice que Yahuah pasaría hiriéndolos, pero que no dejaría entrar al destructor en las casas de Yâshârêl. De modo que entendemos, sabemos y estamos 100% claros que Yahuah no es el destructor, ese destructor tiene su nombre.

Šhemōṯh (Éxodo) - Capítulo 12: Verse-23, 29: Porque YAHUAH pasará hiriendo a los Mitsſıy; y como verá la sangre en el dintel y en los dos postes, pasará YAHUAH aquella puerta, y no dejará entrar al destructor en sus casas para herir. Y aconteció que a la medianoche YAHUAH hirió a todo primogénito en la tierra de Mitsrayim, desde el primogénito de Parôh que se sentaba sobre su trono, hasta el primogénito del cautivo que estaba en la cárcel, y todo primogénito de los animales.

Ahora podemos ver con claridad quien o quienes fueron los que ejecutaron la orden de matar a todos los primogénitos en Egipto.

Yôbêl (Jubileos) - Capítulo 49: Versículo 2: Porque en esta noche, el comienzo de la festividad y el comienzo de la alegría, ustedes estaban comiendo la Pesach en Egipto, cuando todos los poderes de Mastêmâ se habían desatado para matar a todos los primogénitos en la tierra de Egipto, desde el primogénito de Faraón hasta el primogénito de la sierva cautiva en el molino, y hasta el ganado.

Podemos decir con claridad y certeza que los ejecutores o verdugos detrás de la muerte de los primogénitos ha sido efectuado por Maśțêmâh y sus secuaces.

5.7 "Satanás": el enemigo inexistente... e impuesto

(La gran invención que ocultó la identidad del verdadero adversario.)

Aún no tenemos claridad del rol o identidad del personaje de Maśțêmâh. Vamos a analizar una de las mentiras mejores contadas en la humanidad.

Atreves de la historia nos han enseñado tantas cosas y una de ellas es que existe un supuesto enemigo o archienemigo de Yahuah y del pueblo de Yahuah, del cual tenemos que temer, reprender y no sé qué tantas cosas. Pero vamos a ver la realidad en este momento.

El término hebreo es śâṭân: significa adversario, contrario u opositor, y así es usado en las Escrituras, excepto en los lugares donde se distorsionó su significado para confundir a la humanidad, presentándolo como un "archienemigo" de Yahuah.

Pero Yahuah no tiene tal enemigo, porque nada ni nadie puede oponérsele.

Puedes leer en cada uno de estos versículos y si lees el hebreo te darás cuenta que el término usado es el mismo, pero en cambio aquí lo tradujeron como realmente es "adversario" y no como un nombre propio irreal. (Números 22:22, 1 Samuel 29:4, 1 Reyes 5:4, 1 Reyes 11:14, 23 & 25)

Sin embargo, en cada uno de estos versículos lo han traducido como un nombre propio en forma errónea o a sabiendas, tratando de crear un personaje que en realidad no existe. (1 Crónicas 21:1, Job 1:6, 7, 8, 9,10, Job 2:1, 2, 3, 4, 6,7, Salmos 19:6, Zacarías 3:1 & 2)

Veamos algunos de los versículos en el libro de Job que es donde más lo han traducido como un nombre propio en vez del término real que es adversario. Como estamos usando la versión Dabar Yahuah – Escrituras Yahuah, esta tiene el término correcto, así que prestemos atención.

Îyôb (Job) - Capítulo 1: Verse-6-7: Y un día vinieron los hijos de ĔLÔHÎYM a presentarse delante de YAHUAH, entre los cuales vino también el Adversario. Y dijo YAHUAH al Adversario: ¿De dónde vienes? Y respondiendo el Adversario a YAHUAH, dijo: De rodear la tierra, y de andar por ella.

Solamente vamos a leer los dos primeros versículos, ya que conocemos bien la historia, aunque pueden leer el capítulo completo para mejor entendimiento.

Entre los hijos de Êlôhîym, entiéndase los ángeles, vienen un personaje en específico, este es el adversario. Si ven la historia y la comparan con la de Abraham podrán entender mejor y se darán cuenta que estamos hablando del mismo personaje, del adversario. Quien viene a la presencia de Yahuah.

Recuerden, no es un ángel vigilante, ni mucho menos se corrompió con las mujeres, todos los ángeles vigilantes que se corrompieron, están encerrados en prisiones eternas y desde el momento de su pecado, nunca más pudieron hablar con Yahuah ni presentarse donde Yahuah ni mucho menos subir al shamayim. Este es el mismo que ya conocemos y hemos visto en la vida de Abraham, Môsheh y ahora en Îyôb (Job), probando al sirviente fiel de Yahuah.

Y la parte más importante que siempre deben tener en cuenta, que este adversario, mejor conocido como Maśṭêmâh, que es al que han llamado erróneamente como satanás, su nombre verdadero es Maśṭêmâh. Y esta desde tiempos antiguos y parte de su labor ha sido probar a los seguidores de Yahuah para ver si verdaderamente pueden o caer en sus redes o ser fieles a Yahuah.

Este mismo adversario lo podemos ver en toda la historia de la humanidad y lo veremos después en el nuevo testamento, ya que su trabajo, rol o papel su cumplirá al final de los tiempos. Mientras tanto es un ángel habitando en la tierra que tiene acceso al trono de Yahuah, el cual solo puede estar en un solo lugar a la vez, de modo que en cualquier nación en donde se encuentre esta en cuerpo físico.

Aclarando para mejor entendimiento, al que han llamado satanás a través de los siglos, ese no es su nombre, ya que el término solo quiere decir adversario, sin embargo, el verdadero adversario se llama Maśṭêmâh.

Capítulo 6
El poder de los demonios

(Cómo los espíritus impuros dominan a través del miedo y la ignorancia.)

6.1 Naturaleza y límites del poder demoníaco

Estos demonios no tienen el poder que las personas les atribuyen; no son seres corpóreos, y su única habilidad es poseer otros cuerpos, ya que ellos mismos carecen de uno.

El poder de los demonios radica en la influencia o información sutil que utilizan para llevar a las personas a pecar, es decir, para inducir a los seguidores de Yahuah a la desobediencia.

Los demonios no pueden ni tienen permiso para tocar a un siervo de Yahuah, ni mucho menos pueden poseerlo.

Sin embargo, sí tienen poder para poseer, influenciar, guiar y dirigir a sus descendientes humanos —es decir, a los descendientes nefelinos que siguen entre nosotros y cuyo proceder es continuamente al mal—. A ellos los poseen y los usan para hacer todo lo que desean, porque son parte de ellos.

Recordemos que los demonios son espíritus ancestrales, de modo que ellos conocen el comportamiento humano, mejor que el mismo humano, esto es por observación.

Por eso las escrituras hablan de los espíritus familiares, que van de generación en generación, los mismos, pueden imitar la voz de una persona, y crear escenario que parecen ser reales. Y al final, no olviden que los demonios conocen el contenido de las escrituras mejor que nosotros en la mayoría de los casos.

Pero al que sirve a Yahuah se le ha dado poder y potestad por encima de todo espíritu maligno o espíritu familiar. Nosotros tenemos el poder, ellos no.

6.2 Las Sirenas

(El castigo de las mujeres que se unieron a los ángeles vigilantes).

A las mujeres de los ángeles Vigilantes que se unieron a ellos, Yahuah las maldijo y las convirtió en sirenas.

Podría parecer un cuento de hadas o una historia de ciencia ficción, pero eso es lo que han querido enseñar para ocultar la verdad. Nosotros nunca hablamos ni mencionamos a las mujeres que se contaminaron con los ángeles vigilantes, de hecho nunca he escuchado a nadie hablar de ellas, pero el libro de Chănôk nos da un detalle increíble. Ellas también recibieron su castigo por la transgresión cometida con los ángeles y la creación de esa raza diabólica y aberrante.

Chănôk (Enoc) Capítulo 19: Versículo 2: Y las mujeres de los ángeles extraviados también se convertirán en sirenas.

Si las sirenas son las mujeres que se unieron con los ángeles Vigilantes y corrompieron su naturaleza, ¿qué sería entonces un hijo de una sirena? Un nefelín híbrido.

Por eso, si observamos las historietas y leyendas, las sirenas son siempre femeninas, porque llevan en sí la marca del castigo y la maldición por su pecado.

6.3 El Renacer del Mal: Babel y los Patriarcas

6.3.1 Migración a Babilonia

(Los descendientes de los nefelinos después del Diluvio).

Los sobrevivientes de los nefelinos bajaron del Ararat hasta las tierras de Shinar (Senaar o Sinar), y allí se establecieron. Allí comenzaron a multiplicarse; esta misma región más adelante recibió el nombre de Babel o Babilonia. Shinar, Sinar o Senaar es el antiguo nombre de Babilonia.

Berēshīth 11: 1 Era entonces toda la tierra de una lengua y unas mismas palabras. 2 Y aconteció, mientras viajaban del este, que encontraron un llano en la tierra de Shinâr; y moraron allí. Shinâr: una llanura en Babilonia: - Sinar.

3 Y dijeron los unos a los otros: Vayamos, hagamos ladrillo y cozámoslo con fuego. Y les fue el ladrillo en lugar de piedra, y la brea en lugar de mezcla. 4 Y dijeron: Vamos, edifiquémonos una ciudad y una torre, cuya cúspide llegue al cielo; y hagámonos un nombre, por si fuéremos esparcidos sobre la faz de toda la tierra.

5 Y descendió YAHUAH para ver la ciudad y la torre que edificaban los hijos de los hombres. 6 Y dijo YAHUAH: He aquí el pueblo es uno, y todos estos tienen un lenguaje: y han comenzado a obrar, y nada les hará desistir ahora de lo que han pensado hacer. 7 Ahora pues, descendamos, y confundamos allí sus lenguas, para que ninguno entienda el habla de su compañero. 8 Así los esparció YAHUAH desde allí sobre la faz de toda la tierra, y dejaron de edificar la ciudad. 9 Por esto fue llamado el nombre de ella Bâbel, porque allí confundió YAHUAH el lenguaje de toda la tierra, y desde allí los esparció sobre la faz de toda la tierra.

Bâbel: confusión; Babel (es decir, Babilonia), incluyendo Babilonia y el imperio babilónico.

Entendamos lo que estamos leyendo, en el capítulo 10 Nôach hace la repartición de la tierra entre sus hijos y descendientes. Y no olviden que este es un recuento que Môsheh está haciendo de los acontecimientos que ocurrieron que Yahuah le mostró.

Y lo que acontece en el capítulo 11 de Berēshīth es entonces el recuento del posicionamiento y del atento de los nefelinos de reconquistar o mejor dicho conectarse con el cielo, como descendientes de nefelinos.

6.3.2 Babilonia

(La civilización híbrida que desafió el cielo).

Shinar, Sinar o Senaar es el antiguo nombre de Babilonia.

> *Yôbêl (Jubileos) Capítulo 10: Verso-18: En el primer año del segundo septenario del jubileo trigésimo tercero, Fáleg tomó una mujer, llamada Lebana, hija de Sennaar. Esta le parió un hijo, en el año cuarto de este jubileo, al que puso de nombre Reu, pues se dijo: «Los hijos de los hombres han sido malos: han concebido el perverso pensamiento de construirse una ciudad y una torre en la tierra de Sennaar».*

¿Cuáles son estos hijos de los hombres que habla Berēšhīth y Jubileo? Estos son los mismos que encallaron en el monte ararat (nefelinos), y vienen descendiendo entonces a la tierra de Shinar. Estos hijos de los hombres pertenecen al segundo grupo de la humanidad, no al primero. Veremos en el capítulo 7 los grupos.

> *Yôbêl (Jubileos) Capítulo 10: Verso-19: En efecto, habían emigrado de la tierra de Ararat a oriente, a Sennaar, y por aquel tiempo construyeron la ciudad y la torre, mientras decían: «Subamos por ella al cielo».*

Les pareces que algún humano creado por Yahuah quiera o conciba tal estupidez como de ir al cielo por fuerza; o acaso no es claro que estos episodios son creados por los nefelinos?

> *Yôbêl (Jubileos) Capítulo 10: Verso-20-26: Comenzaron a construir y, en el cuarto septenario, cocían al fuego ladrillos que luego utilizaban como piedras. El cemento con que las unían era asfalto que brotaba del mar y de unos pozos de agua en la tierra de Sennaar. 21 Los constructores tardaron unos cuarenta*

y tres años:.. 22 y nos dijo Yahuah, nuestro Êlôhîym: -He aquí que son un solo pueblo y han comenzado a trabajar a una, y ya no cesarán. Ea, bajemos y confundamos sus lenguas, que no se entiendan unos a otros, y se dispersen por ciudades y naciones, de manera que no tengan plan común hasta el día del juicio. 23 Descendió Yahuah, y nosotros con él, a ver la ciudad y la torre que habían construido los hijos de los hombres. 24 Mezcló todas las voces de su lengua, no entendiéndose ya unos con otros y dejando la construcción de la ciudad y la torre. 25 Por eso se llamó Babel toda la tierra de Sennaar, pues allí confundió Yahuah todas las lenguas de los hijos de los hombres, y desde allí se dispersaron por todas sus ciudades, según sus lenguas y naciones. 26 Yahuah envió un gran viento a la torre, que la tiró por tierra; su emplazamiento estaba entre Asur y Babel, en el país de Sennaar, al que dio el nombre de «ruina».

6.3.3 Torre de Babel

(El intento de alcanzar el trono divino por la fuerza).

Nunca nos han explicado ni dicho la verdad.

Por siglos hemos estado ciegos y creyendo mentiras, o simplemente ajenos a la realidad, pensando que todas las catástrofes o destrucciones en la humanidad han sido causadas por los humanos creados por Yahuah Êlôhîym. Sin embargo, la realidad es completamente diferente.

Los habitantes que se establecieron en la ciudad de Shinar, también llamada Babel o Babilonia, eran los sobrevivientes al diluvio de los nefelinos —hijos de las mujeres con los ángeles Vigilantes que pecaron—.

Y sí, ellos eran humanos, o mejor dicho, tenían sangre humana, pero no eran 100% parte de la creación de Yahuah.

Ellos no poseían el espíritu que los conecta con lo bueno o con Yahuah; el único "chip" que tenían era el de la maldad.

De modo que estos descendientes de los ángeles y las mujeres que habitaban en Babel se multiplicaron, pero su prohibición era que nunca podrían subir al cielo ni clamar a Yahuah, porque eran una aberración en la creación de Yahuah: seres híbridos con sangre humana y angelical.

Por lo tanto, su propósito era llegar al cielo por la fuerza, ya que no se les permitía el acceso.

En ese tiempo la humanidad hablaba un solo idioma: "Eber" (hebreo).

Todos se pusieron de acuerdo para construir una torre que llegara al cielo.

Yahuah vio su propósito y entendió que nada los detendría en lograrlo.

Los nefelinos, o descendientes de los nefelinos, querían acceso al cielo, y nada los frenaría para alcanzar su objetivo.

Este fue el verdadero propósito de la construcción de la Torre de Babel.

Entonces Yahuah descendió y derribó la torre, confundió sus lenguas y dio origen a todos los idiomas del mundo.

También los dispersó por los confines de la tierra, para que nunca más se unieran en un propósito común, porque solo generaban destrucción y su objetivo era usurpar el cielo.

Babel y su torre no fueron destruidas ni sus lenguas confundidas por causa de los humanos puros que Yahuah creó. No.

Fue por causa de la creación diabólica de las mujeres y los ángeles Vigilantes.

Nunca fue por culpa de la creación original de Yahuah, sino como resultado de la unión de los hombres (mujeres) y los ángeles

Vigilantes que pecaron.

Babel significa "confusión", y es fiel a su nombre.

Seguirá confundiendo hasta el fin de los tiempos, porque su procedencia y su propósito son completamente nefelinos y opuestos a todo lo que se llama bueno o proviene de Yahuah.

Capítulo 7
Las Dos Semillas

(La Línea Pura de Yahuah y la Descendencia Corrompida de los Nefelín)

Los dos grupos existentes en la humanidad

(Dos linajes, dos destinos: uno guiado por el ruach de Yahuah, y otro por la corrupción del adversario.)

7.1 Dos grupos tras la corrupción de los Vigilantes

D esde el momento de la corrupción de los ángeles vigilantes al unirse con las mujeres y crear esa raza aberrante, después de la destrucción del diluvio, en la tierra la humanidad quedo dividida en dos grupos.

Grupo 1: Los humanos creados por Yahuah Êlôhîym y que llevan el ruach de Yahuah para propagarse y multiplicarse en la tierra. Llamados hijos de los hombres, PERO estos llevan el ruach de Yahuah.

Grupo 2: Los híbridos humanos que tienen sangre humana de las mujeres y sangre angelical, de los ángeles vigilantes, los cuales no poseen el ruach de Yahuah Êlôhîym y no pueden buscar nada que tenga que ver con el bien ni mucho menos a Yahuah Êlôhîym. Llamados hijos de los hombres, PERO estos no llevan el ruach de Yahuah (creados por las mujeres y los ángeles vigilantes que no procrean)

7.2 Dispersión nefelina tras Babel

V amos a ampliar este planteamiento para mejor compresión. Los habitantes de Babel son los nefelinos, estos tratan de llegar al cielo, creando la torre, pero Yahuah entonces, derrumba la torre y confunde sus lenguas para que no puedan unirse al unísono en su propósito diabólico. Todos estos nefelinos que llevan sangre humana (mujer) y de los ángeles vigilantes, son esparcidos por todo lado de la civilización conocida en ese entonces.

Y aquí es donde comienza el rompecabezas. Primero los hombres (humanos con sangre nefelina), no presentan mucho peligro, porque estos siguen con el espíritu de los nefelinos, por lo tanto aun no pueden transmitir lo que no tienen, entiéndase el gen o chip de Yahuah a sus hijos.

Sin embargo, el peligro más grande que esta por presenciar la creación de Yahuah es una vez más con / y por las mujeres. Cuando las mujeres nefelinas logran unirse con uno hombre (no nefelino, sino con el ruach de Yahuah), entonces la criatura que nace de esta nueva unión, vienen con dos gen o chips. Nace con el gen nefelino por parte de la madre nefelina y nace con el gen de Yahuah, dado por parte del hombre de Yahuah.

Entonces, este nuevo ser que aún sigue teniendo una parte hibrida o descendencia nefelina en su sangre, por primera vez, logra tener la oportunidad de ser partícipe del gen de Yahuah Êlôhîym porque le fue transmitido por el hombre.

7.3 Prohibiciones y mandatos sobre los matrimonios

Esta es la razón por la cual Yahuah, siempre prohibió que los hombres tomaran mujeres de las naciones paganas con sangre nefelina; del mismo modo, por eso en todas las conquistas que mandaba a su pueblo, les decía que exterminaran a todos, desde el más pequeño hasta el más viejo, porque llevaban el gen nefelino y era necesario erradicarlos. Pero, como siempre los hombres con el gen de Yahuah, decidieron unirse a las mujeres paganas, gentiles o con sangre nefelina.

Con estas acciones el grupo dos (los humanos nefelinos), lograron mezclarse con el grupo uno (los humanos de Yahuah) y popular o corromper la humanidad o creación de Yahuah una vez más, que es donde nos encontramos. La diferencia ahora esta, que estos con descendencia nefelina o sangre de demonio, tienen la oportunidad de decidir si quieren sucumbir a su gen nefelino o entregarse al gen de Yahuah, que les fue compartido cuando el hombre (humano creado por Yahuah) los compartió al unirse con las mujeres nefelinas.

Este es el punto clave para poder entender las verdades de las escrituras. Muchos dirán tantas cosas, y no querrán reconocer, asimilar ni aceptar esta verdad. Y eso es normal, sin embargo, aquellos a quienes Yahuah abra los ojos del entendimiento, finalmente podrán captar el mensaje y la magnitud de la maldad en la humanidad y en la creación de Yahuah.

7.4 Mezcla de linajes y discernimiento por los frutos

Ya lo que eran al principio dos grupos totalmente definidos y claros, no es más una claridad ni una definición en estos grupos. Sino que ambos han sido mezclados y se presentan como un solo grupo en la humanidad y solamente los frutos o acciones determinaran quien pertenece a quien, o a Yahuah o a los demonios nefelinos. Por eso Yahusha dice que hay que dejar que los dos grupos crezcan juntos, porque están mezclados, y solo al momento de la siega, Yahuah se encargará de apartar los malignos de los verdaderos. Pero sin aun no lo entendemos, veamos lo que dice Yahusha Ha Mashiyach.

Mattithyâhû (Mateo) - Capítulo 13: Versículos 24-30: Otra parábola les presentó, diciendo: El Reino de los Cielos es semejante al hombre que siembra buena semilla en su campo. Pero mientras dormían los hombres, vino su enemigo y sembró cizaña entre el trigo, y se fue. Y cuando la hierba brotó y dio fruto, entonces apareció también la cizaña. Y llegando los siervos del padre de familia, le dijeron: Amo, ¿no sembraste buena semilla en tu campo? ¿De dónde, pues, viene esta cizaña? Y él les dijo: Un hombre enemigo ha hecho esto. Y los siervos le dijeron: ¿Quieres, pues, que vayamos y la recojamos? Y él dijo: No; para que, al recoger la cizaña, no arranquen también con ella el trigo. Dejen crecer juntamente el uno y el otro hasta la cosecha; y al tiempo de la cosecha yo diré a los segadores: Recojan primero la cizaña y átenla en manojos para quemarla; pero recojan el trigo en mi granero.

Nosotros no queremos entender lo que las Escrituras nos dicen. Yahusha, nuestro Mashíyach, nos dice con claridad lo que pasa y cómo debemos actuar, y aún más, dónde se encuentra la semilla del maligno.

• Amo que siembra la buena semilla: Yahusha

• Un hombre enemigo ha hecho esto: El enemigo – adversario – Mastema

• Dejen crecer juntamente el uno y el otro hasta la cosecha: Crecen juntos el trigo y la cizaña. Pero, ¿qué significa esto realmente? Los malignos o sirvientes de los nefelinos crecen junto con los servidores de Yahuah. Pero, ¿te has preguntado dónde? Es claro y simple: en las iglesias y congregaciones. Estas están llenas de los siervos de Yahuah y también de los siervos de las huestes del mal, la descendencia nefelina. Estamos juntos en el mismo camino, en las mismas enseñanzas, y debemos crecer juntos (siervos de Yahuah y siervos de los nefelinos). A veces, como dice Yahusha, podemos reconocerlos por sus frutos, pero es únicamente al final de los tiempos que seremos separados en el día del juicio. ¿O no recuerdas que Yahusha lo dice repetidamente: "Nunca los conocí, hacedores de maldad; al fuego eterno"? Estos estaban en las congregaciones, en las iglesias, en los grupos, supuestamente practicando, pero no la verdad de Yahuah.

• Tiempo de la cosecha: El fin – juicio final

• Los segadores: Los ángeles

• Recojan la cizaña primero (quemarla): Los impíos son quemados, consumidos con fuego.

- El trigo en mi granero: Los justos en el tabernáculo o la Nueva Jerusalén

Es de suma importancia recordar que tanto el trigo como la cizaña están entrelazados, mezclados. Las raíces son tan similares y están unas unidas a las otras, de modo que, si se trata de arrancar los unos de los otros antes, se corre el riesgo de arrancar algún trigo, y Yahuah no desea esto. Hay que esperar hasta el final del tiempo, cuando los ángeles sean enviados primero a atar a los impíos, híbridos, descendientes de los nefelinos y sus seguidores, y quemarlos.

El apóstol Pablo también explica y nos ilustra este dilema es el apóstol Pablo, cuando nos presenta la ley de la muerte y le ley de Êlôhîym.

Rómĕos (Romanos) - Capitulo 7: Verse-14-25: Porque sabemos que la ley es espiritual; más yo soy carnal, vendido bajo el pecado. Porque lo que hago, no lo entiendo; ni lo que quiero, hago; antes lo que aborrezco, aquello hago. De manera que ya no soy quien lo hago, sino el pecado que mora en mí. Y yo sé que en mí (esto es, en mi carne) no mora el bien: Porque tengo el querer, pero no puedo llevar a cabo lo que es bueno. Porque no hago el bien que quiero; más el mal que no quiero, éste hago. Y si hago lo que no quiero, ya no lo obro yo, sino el pecado que mora en mí. Así que, queriendo yo hacer el bien, hallo esta ley: Que el mal está en mí. Porque según el hombre interior, me deleito en la ley de Êlôhîym: Más veo otra ley en mis miembros, que se rebela contra la ley de mi espíritu, y que me lleva cautivo a la ley del pecado que está en mis miembros. Gracias doy a Êlôhîym, por Yahusha Mâshıyach Âdônây nuestro. Así que, yo mismo con la mente sirvo a la ley de Êlôhîym, más con la carne a la ley del pecado.

7.5 Qeynan – Padre del ocultismo

(El hombre que halló los escritos de los Vigilantes y resucitó su sabiduría prohibida). Pasó la generación de Nôach y también la de Shem, hijo de Nôach.

E ntonces, en la generación de Arpakshad, nació un personaje que ha sido ocultado o intentaron ocultar en muchas versiones bíblicas: Qeynan (Cainan).

Los malintencionados —o descendientes de este hombre, hijo de Arpakshad, llamado Qeynan— decidieron que era mejor borrar su genealogía completa de las Escrituras para que las personas no supieran quién fue realmente este personaje.

Sin embargo, el Libro de los Jubileos nos revela la razón:

Qeynan, hijo de Arpakshad, descendiente de Shem y Nôach, tuvo acceso a un conocimiento prohibido.

Cuando Qeynan ya era adulto y estaba listo para construir su vida, salió a edificar una ciudad —como era costumbre de los hijos cuando alcanzaban la adultez—.

Pero en el camino, Qeynan se encontró en una cueva con "escritos antiguos" grabados en las rocas.

Qeynan aprendió estas escrituras, las copió y las escondió, sin decir nada, porque sabía que su tatarabuelo Nôach se enojaría.

Y por estas enseñanzas y escrituras que Qeynan copió, guardó, compartió y enseñó, se convirtió en un transmisor del conocimiento prohibido.

Yôbêl (Jubileos) - Capítulo 8: Versículo 1-3: En el vigésimo noveno jubileo, en el primer septenario, al principio, Arpakshad tomó para sí una mujer llamada Râsûêyâ, hija de Shûshan, hija de Êylâm, quien le dio un hijo en el tercer año de este septenario, al que llamó Qêynân. El hijo creció, y su padre le enseñó a escribir, y él fue a buscar un lugar donde pudiera apoderarse de una ciudad. Encontró una escritura que generaciones anteriores habían grabado en la roca, y leyó lo que contenía, la transcribió y pecó por ello. Porque contenía la enseñanza de los Vigilantes según la cual solían observar los presagios del sol, la luna y las estrellas en todos los signos del shâmayim.

Este fue el padre del ocultismo, quien preservó las enseñanzas prohibidas de los nefelinos y las introdujo en el pueblo de Yahuah, es decir, entre las familias descendientes de Nôach, que no conocían ni sabían de tales prácticas.

Solo los nefelinos y sus descendientes que habitaban en Babel tenían conocimiento de estas prácticas y enseñanzas.

7.6 Abraham y Lot

(Los justos entre los pueblos corrompidos).

Pasaron varias generaciones (Shelach, Êber, Péleg, Re'û, Šerûg, Nâchôr, Terach) y finalmente llegamos a Abraham.

Como Yahuah había bendecido en gran manera a su siervo Abraham, y su sobrino Lot, quien era su único heredero en ese entonces, los pastores de ambos comenzaron a reñir por los pastos. Entonces, Abraham y Lot decidieron separarse.

Abraham se quedó en la tierra de Canaán y, tras la separación, se instaló en Hebrón, cerca del encinar de Mamré, donde edificó un altar a Yahuah.

Lot, en cambio, escogió la llanura del Jordán por ser muy fértil y se fue a vivir a las ciudades de la llanura, poniendo sus tiendas hasta Sodoma.

Berēšhīṯh (Génesis) - Chapter-13 : Verse-10-13: Y alzó Lôṭ sus ojos, y vio toda la llanura del Yardên, que toda ella era de riego, antes que destruyese YAHUAH a Sedôm y a Ămôrâh, así como el huerto de YAHUAH, como la tierra de Mitsrayim entrando en Tsôar. Entonces Lôṭ escogió para sí toda la llanura del Yardên: y viajó Lôṭ hacia el este, y apartándose el uno del otro. Abrâm se asentó en la tierra de Kenaan, y Lôṭ se asentó en las ciudades de la llanura, y fue poniendo sus tiendas hasta Sedôm. Más los hombres de Sedôm eran malos y pecadores para con YAHUAH en gran manera.

7.7 Los reyes nefelinos y la guerra

(Los gobernantes descendientes de los híbridos contra los elegidos de Yahuah).

Entonces, está claro que Lot se estableció en las regiones de Sodoma, en la llanura del Jordán.

Sin embargo, más adelante vinieron reyes a conquistar esas tierras, y los reyes que vinieron procedían de Shinar o Babel. Es decir, los reyes de esas naciones —descendientes de los nefelinos— fueron los conquistadores.

Berēshīṯh (Génesis) - Chapter-14: Verse-1-5 & 1: Y aconteció en los días de Amrâphel, rey de Shinâr, Ăryôk, rey de Ellâsâr, Kedorlâômer, rey de Êylâm, y Tidâl, rey de naciones, Que éstos hicieron guerra contra Bera, rey de Sedôm, y contra Birsha, rey de Ămôrâh, y contra Shinâb, rey de Admâh, y contra Shemêber, rey de Tsebôîym, y contra el rey de Bela, la cual es Tsôar. Todos estos se juntaron en el valle de Śiddîym, que es el mar salado. Y en el año decimocuarto vino Kedorlâômer, y los reyes que estaban de su parte, y derrotaron a los Râphâ en Ashterôth Qarnayim, a los Zûzîym en Hâm, y a los Êymîym en Shâwêh Qiryâthayim. Tomaron también a Lôṭ, hijo del hermano de Abrâm, que moraba en Sedôm, y sus posesiones, y se fueron.

Ellos conquistaron Sodoma, Gomorra y todas las ciudades vecinas. En esa guerra tomaron prisionero a Lot, sobrino de Abraham. Entonces Abraham se armó con sus siervos y rescató a su sobrino, quien continuó viviendo donde tenía todas sus posesiones: en las tierras de Sodoma, que había sido conquistada por los reyes de Babel, o los reyes nefelinos. Recuerden que Shinar era el antiguo nombre de Babel, y ¿Quiénes eran los habitantes de babel? Como ya lo determinamos, los nefelinos.

Yôbêl (Jubileos) - Capítulo 10: Versículo 25: Por esta razón, toda la tierra de Sinar se llama Babel, porque allí Yahuah confundió todo el lenguaje de los hijos de los hombres, y desde allí se dispersaron por sus ciudades, cada uno según su lengua y su nación.

Por ende, los nuevos habitantes o pobladores de esas ciudades —Sodoma, Gomorra y sus pueblos vecinos— eran más bien descendientes de los nefelinos. Estas ciudades estaban llenas y pobladas de sus conquistadores, los reyes y habitantes de Babel.

Capítulo 8
Sodoma y Gomorra

(Ciudades que simbolizan la plenitud del pecado y la justicia de Yahuah)

8.1 La repetición del pecado de los Vigilantes y su destrucción total

Pasaron los tiempos y todas esas ciudades se multiplicaron y se poblaron en gran manera, sin olvidar que los nuevos residentes eran remanentes de los nefelinos.

Como ya sabemos, ellos no poseían el "chip" del bien ni nada relacionado con lo bueno.

Su "chip" era destrucción, guerra y todo lo relacionado con la maldad, porque el gen de ellos era únicamente malvado.

Aun cuando su sangre estaba mezclada con la sangre de las mujeres, eran una raza mestiza, mezclada o híbrida.

Por lo tanto, su pecado fue tan grande que su aberración llegó una vez más ante el trono de Êlôhîym, quien descendió a ver lo que estaban haciendo los habitantes de Sodoma y Gomorra. Descendieron tres ángeles.

El Ángel de Yahuah se quedó dialogando con Abraham, porque sabía que Abraham era puro.

Por esa razón, no quiso ocultarle el decreto que había salido para la destrucción de Sodoma y Gomorra.

Abraham quiso interceder por los habitantes de Sodoma ante Yahuah y le pidió misericordia comenzando con cincuenta justos:

Berēshīṯh (Génesis) - Chapter-18: Verse-23-24: Y se acercó Abrâhâm y dijo: ¿Destruirás también al justo con el impío? Quizá

*hay cincuenta justos dentro de la ciudad: ¿destruirás también y
no perdonarás al lugar por cincuenta justos que
estén dentro de él?*

Pero no había cincuenta personas justas en esas ciudades.

Entonces Abraham bajó de cincuenta a cuarenta, a treinta, a veinte y finalmente a diez.

Entre todos los habitantes de esas ciudades no había ni diez justos, porque no estaban habitadas por un remanente puro de Yahuah, sino por los remanentes malditos de los nefelinos.

Cuando Abraham ya no pudo reducir más el número, el Ángel de Yahuah se fue.

Pero los otros dos ángeles entraron en la ciudad al atardecer y se sentaron en la plaza.

Todo el mundo los vio llegar, pero nadie les dio albergue, excepto Lot, sobrino de Abraham, quien tenía el chip de los puros o hijos de Yahuah.

*Berēshīṯh (Génesis) - Capítulo 19: Verse-1: Y llegaron pues, dos
ángeles a Sedôm a la caída de la tarde: y Lôṭ estaba sentado a
la puerta de Sedôm. Y viéndolos Lôṭ, se levantó a recibirlos, y se
inclinó hacia el suelo;*

Lot les ofreció alojamiento; ellos no querían aceptarlo, pero él insistió, porque sabía lo peligroso que era que esos viajeros estuvieran abiertamente en la ciudad.

Lot no tenía idea de quiénes eran esos hombres, pero los descendientes de los nefelinos, que tenían parte de naturaleza angelical, se dieron cuenta de inmediato.

Ellos percibieron al instante que eran dos ángeles.

Lot no lo sabía, pero los habitantes de la ciudad —descendientes nefelinos— sí se dieron cuenta. Entonces fueron todos a la casa de Lot para buscar a esos hombres.

Ellos querían "conocerlos" —es decir, acostarse con ellos, tener relaciones, coito, sexo—, porque sabían quiénes eran.

Lot les ofreció a sus dos hijas vírgenes, pero ellos no estaban interesados en vírgenes ni en mujeres.

Ellos estaban interesados en repetir el gran pecado de sus padres: engendrar una nueva raza con los ángeles una vez más.

Por eso Yahuah apresuró la destrucción de esos habitantes. Y para que entiendas con claridad, la destrucción de los habitantes descendientes nefelinos, PERO a los humanos no descendientes de nefelinos, Yahuah los rescata.

Por siglos nos han enseñado que fue por causa de la homosexualidad, pero si la homosexualidad y el lesbianismo han existido y son pecados como los demás que abundan entre los descendientes malditos de los nefelinos, entonces debía haber algo más detrás de esas acciones.

Sí, lo había: recrear el gran pecado de sus padres, unirse con los ángeles para crear otra raza maldita. Pero esta vez, Yahuah no lo permitiría.

Esa fue la verdadera razón por la que Yahuah destruyó no solo a Sodoma y Gomorra, sino también a todas las ciudades vecinas.

Pero recordemos que solo cuatro personas fueron rescatadas o perdonadas de toda esa población, y no por amor a ellos, sino por amor a Abraham: Lot, su esposa y sus dos hijas.

Berēshīṯh (Génesis) - Capítulo 19: Verse-29: Así fue que, cuando destruyó ĔLÔHÎYM las ciudades de la llanura, se acordó ĔLÔHÎYM de Abrâhâm, y envió fuera a Lôṭ de en medio de la destrucción, al asolar las ciudades donde Lôṭ estaba.

Sin embargo, esas tres mujeres llevaban consigo las enseñanzas de los nefelinos, pues eran habitantes de Sodoma. Por eso la esposa de Lot, al mirar atrás, se convirtió en estatua de sal.

> *Yôbêl (Jubileos) - Capítulo 16: Versículo 5: En este mes Yahuah ejecutó sus juicios sobre Sedôm, Ămôrâh, Tsebôıymy toda la región del Yardén. Los quemó con fuego y azufre y los destruyó hasta el día de hoy. He aquí, os he declarado todas sus obras: que son malvados y pecadores en extremo, que se contaminan, que cometen fornicación en su carne y que obran inmundicia en la tierra.*

Esta descripción es la del pueblo de los nefelinos. Entendamos lo que realmente pasó Sodoma, Gomorra y todas las ciudades vecinas fueron destruidas por el pecado de los nefelinos.

8.2 Lot y sus hijas – los únicos sobrevivientes de Sodoma y Gomorra

(La descendencia de Amon y Moab, maldita desde su origen).

Las hijas de Lot, quienes habían vivido dentro de la sociedad de los nefelinos y aprendido sus enseñanzas, idearon un plan: embriagar a su padre Lot y acostarse con él para tener descendencia.

Al parecer, ellas no entendían que había más seres humanos en la tierra y temían quedar sin descendencia —según su razonamiento—.

Pero, ¿querían realmente tener descendencia porque servían a Yahuah?

¿O porque habían aprendido las malas prácticas de los nefelinos? (Pensamiento reflexivo).

La primera noche embriagaron a su padre Lot, y una de ellas se acostó con él. Repitieron el acto la segunda noche. Pero ¿qué embriaguez fue esa, en la que Lot aparentemente no se dio cuenta, según el relato de Berēshīthh? (Pensamiento reflexivo).

Una de las hijas tuvo a Amón como hijo, y la otra a Moab. Estos fueron los hijos de esa unión aberrante entre las hijas y su padre.

Aparentemente, este sería el fin de la historia, pero no lo es.

La verdad de este relato ha sido ocultada, pero no hay verdad oculta que no salga a la luz.

El Libro de los Jubileos nos dice que Yahuah maldijo la descendencia de esa unión porque Lot se había acostado con sus hijas. Es obvio que Lot sabía lo que había hecho.

No debemos pretender ni pensar que Lot no se dio cuenta o que no recordó de lo ocurrido.

Por eso Yahuah lo maldijo y declaró el destino de Lot y de su descendencia para siempre:

Yôbêl (Jubileos) Capítulo 16: Versículo 8-9: Y él y sus hijas cometieron pecado sobre la tierra, como no se había cometido en la tierra desde los días de Adán hasta su tiempo; pues el hombre se acostó con sus hijas. Y he aquí, se ordenó y se grabó acerca de toda su descendencia, en las tablas de shamayim, que se los quitara y los desarraigara, y que se ejecutara sobre ellos un juicio como el juicio de Sedom, y que no quedara descendencia del hombre sobre la tierra en el día de la condenación.

A los hijos de esta unión —Amón (amonitas) y Moab (moabitas) — se les decretó que serían desarraigados completamente de la faz de la tierra, junto con todos sus descendientes. Ni uno solo quedará sobre la tierra de esta línea para el día del juicio final. Todos serán completamente exterminados.

Tsephanyâhû (Sofonías) - Capítulo 2: Verse-9: Por tanto, vivo yo, dice YAHUAH TSÂBÂ, ĔLÔHÎYM de Yâshârêl, que Môâb será como Sedôm, y los hijos de Ammôn como Ămôrâh; campo de ortigas, y mina de sal, y asolamiento perpetuo: el resto de mi pueblo los saqueará, y el resto de mi gente los heredará.

Moab es llamada Jordania hoy en día y Amón extendió sus fronteras al oeste hasta el río Jordán, al norte hasta Galaad y al sur hasta Hesbón, entre el desierto de Siria y el río Jordán, y entre los ríos Jabbok y Arnon, en la actual Jordania. En época persa el término «amonita» se había convertido en meramente geográfico y se aplicaba sobre todo a las tribus árabes que se habían asentado en el territorio del antiguo reino de Amón. Milcom (quizás una variación de Moloch) la deidad principal, mientras que El, Baal y la deidad lunar eran también otras deidades destacadas.

8.3 El Legado de los Vigilantes

(Los secretos transmitidos por los caídos que aún gobiernan la humanidad)

8.3.1 Enseñanzas de los ángeles Vigilantes

(Los misterios revelados que corrompieron la tierra).

Siempre se ha dicho que el detrimento de la humanidad provino de las enseñanzas prohibidas que los ángeles Vigilantes impartieron a sus mujeres, y ellas a sus hijos, diseminándose así por la sociedad.

Para entender mejor las ramificaciones de estas enseñanzas, recordemos lo que dice:

Chănôk (Enoc) - Capítulo 10: Versículo 7: ... para que todos los hijos de los hombres no se pierdan debido al misterio que los Vigilantes descubrieron y enseñaron a sus hijos.

Este misterio, que tanto fascina a la humanidad, es la causa de su destrucción.

Pero es natural que fascine a los descendientes de los nefelinos, porque son sus propias enseñanzas; mientras que, para los hijos de Yahuah, no son más que doctrinas demoníacas.

Chănôk (Enoc) - Capítulo 16: Versículo 3: Ustedes han estado en shamayim, pero aún no se les habían revelado todos los misterios, y conocían algunos sin valor, y con la dureza de sus corazones los han dado a conocer a las mujeres, y mediante estos misterios, mujeres y hombres han multiplicado el mal en la tierra.

Los Vigilantes que descendieron sobre la tierra revelaron a los humanos lo que era secreto y los indujeron a pecar.

A esto se añade la gran falta de Qeynan, quien transmitió las enseñanzas de los Vigilantes a la humanidad, convirtiéndose en el padre del ocultismo.

Sabiendo que Babel es la cuna de los descendientes de los nefelinos, se entiende que todas las enseñanzas ocultas, prohibidas y demoníacas provienen de ellos. Pero ¿Cuáles son esas enseñanzas?

Capítulo 9
Enseñanzas de los Vigilantes

Los misterios revelados por los caídos: magia, guerra, astros y la raíz del ocultismo humano).

9.1 Magia, armas, cosmología y el origen oculto de todo conocimiento prohibido

> *Chănôk (Enoc) - Capítulo 7: Verso 1: Y todos los demás, junto con ellos, tomaron mujeres, y cada uno eligió una para sí, y comenzaron a acercarse a ellas y a contaminarse con ellas, y les enseñaron hechizos y encantamientos, y a cortar raíces, y les enseñaron las plantas.*

9.1.2 La brujería (hechizos):

La brujería es el conjunto de creencias, conocimientos prácticos y actividades atribuidos a ciertas personas llamadas brujas o brujos, quienes supuestamente poseen habilidades mágicas.

Aunque muchos no estén familiarizados con el concepto, pero la famarkia pertenece a este género o práctica de los nefelinos, en donde la farmakia es la antigua practica de las brujas o hechiceras.

> *Apokálypsis (Apocalipsis) - Capitulo 9: Verse-21: No se arrepintieron ni de sus asesinatos, ni de su farmakía, ni de su idolatría, ni de sus robos.*

9.1.3 La magia (encantamientos):

La magia, entendida como arte o ciencia oculta, consiste en creencias y prácticas que buscan producir resultados sobrenaturales mediante rituales, conjuros e invocaciones.

El término "magia" también se usa para referirse al arte del ilusionismo, que emplea técnicas o trucos para crear ilusiones o efectos especiales en espectáculos de entretenimiento.

9.1.4 El corte de raíces y el uso de plantas: esta práctica es la connotación negativa, entiéndase, las enseñanzas para usarlas para el mal, en brujerías, hechicerías, magias y demás artes, pócimas o pociones del mal. Esto no incluye el uso de las plantas propósito medicinales guiados por Yahuah.

La rama de la farmakia está formada por estas tres prácticas primordiales de los nefelinos.

Apokálypsis (Apocalipsis) - Capitulo 18: Verse-23: Y luz de lámpara no alumbrará más en ti, ni voz de novio ni de novio se oirá más en ti; porque tus comerciantes eran los grandes de la tierra, pues por tu farmakía fueron engañadas todas las naciones.

9.2 Beber sangre

Estas es una de las prácticas favorita de los nefelinos y sus descendientes, la cual ha pasado a nuestras generaciones e impera hoy en día en forma directa aun sin darnos cuentas. Beber sangre es lo mismo que comer sangre.

Wayyīqrā (Levítico) - Capítulo 17: Verse-14: Porque el alma de toda carne, su vida, está en su sangre: por tanto he dicho a los hijos de Yâshârêl: No comerán la sangre de ninguna carne, porque la vida de toda carne es su sangre: cualquiera que la comiere será cortado.

Debārīm (Deuteronomio)- Capítulo 12: Verse-23: Solamente que te esfuerces en no comer sangre: porque la sangre es la vida; y no has de comer la vida juntamente con su carne.

Prásso (Hechos) - Capitulo 15: Verse-29: Que se abstengan de cosas sacrificadas a ídolos, y de sangre, y de ahogado, y de pornia; de las cuales cosas si se apartan, bien harán. Saludos.

Chănôk (Enoc) Capítulo 7: Versículo 5: Y comenzaron a pecar contra las aves, las bestias, los reptiles y los peces, y a devorar la carne de los demás y a beber la sangre.

En mi país, en la Republica Dominicana, existe una práctica común en donde todos participan y les encanta, esta se llama comer "morcillas". Las cuales son preparadas con las tripas de los animales y llenas con la sangre del animal. Esta práctica tiene muchos nombres dependiendo el país.

América Latina: Moronga: México, Nicaragua, El Salvador, Guatemala y Honduras. Sangrecita: Perú. Prieta: Chile. Rellena: Algunos países de Latinoamérica. España: Morcilla: El nombre más común, con variaciones regionales como la de Burgos, de León, de Palencia o de Beasain. Fariñón o Fariñona: Asturias. Emberzao o Pantrucu: Asturias. Otros países: Blutwurst: Alemania y Austria (que significa "salchicha de sangre"). Morcilla de Colonia (Flönz): Renania, Alemania. Soondae: Corea. Dinuguan: Filipinas.

9.3 Asael (Azazel) y la tecnología de la guerra y la vanidad

Chănôk (Enoc) Capítulo 8: Verso 1: Y Ăzâzêl enseñó a los hombres a fabricar espadas, cuchillos, escudos y corazas, y les dio a conocer los metales de la tierra y el arte de trabajarlos, brazaletes y adornos, el uso del antimonio, el embellecimiento de los párpados, toda clase de piedras preciosas y todos los tintes colorantes.

Toda injusticia sobre la tierra, revelando secretos eternos que se cumplen en los cielos; y todos comenzaron a revelar secretos a sus esposas.

- Enseñó a fabricar espadas de hierro: instrumentos de guerra y muerte.

- Corazas de cobre: instrumentos para protegerse en la guerra.

- Oro y plata en brazaletes y adornos: adornos superfluos o vanidades.

- A las mujeres antimonio: Asociado con las mujeres principalmente a través de su uso histórico en cosméticos para delinear los ojos y cejas.

- maquillaje de los ojos

- piedras preciosas

- tinturas

Pueden visitar los enlaces que están al pie de página en cada uno de estas prácticas para que vean mejor su evolución y donde está hoy en día, no olvidando que ellos en realidad desconocen el origen real de estas prácticas, las cuales son los nefelinos.

9.4 Otros Vigilantes y sus enseñanzas nefelinas

Chănôk (Enoch) - Capítulo 8: Verso 3: Semyaza enseñó encantamientos y esquejes de raíces; Armaros, la resolución de encantamientos; Baraqiyal, la astrología; Kokhebel, las constelaciones; Ezeqeel, el conocimiento de las nubes; Araqiel, los signos de la tierra; Shamsiel, los signos del sol; y Sariel, el curso de la luna.

- Shemihaza: Encantamientos y corte de raíces.

- Hermoni (Amaros): Romper hechizos, practicar brujería, magia y habilidades afines. Esto quiere decir todas las habilidades que tienen que ver con estas prácticas, aunque hoy en día puedan tener diferentes nombres, no hace la diferencia, ya que al final son las enseñanzas diabólicas pasadas de generación en generación.

• Baraqel: Los signos de los rayos (astronomía).

• Kokabel: Los presagios de las estrellas (constelaciones) - astronomía y la astrología.

• Zeqel: Los relámpagos (conocimiento de las nubes) y sus significados - astronomía y la astrología.

• Artaqof (Araqi-el): Las señales de la tierra - geodesia, topografía.

• Shamsiel: Los presagios del sol - astrología - física solar y heliofísica).

• Sahariel: Los de la luna (curso de la luna) - astrología -selenografía.

Chănôk (Enoc) Capítulo 9: Versículo 6: Ves lo que hizo Ăzâzêl, quien enseñó toda injusticia en la tierra y reveló los secretos eternos que se conservaban en el shâmayim, y que los hombres luchaban por aprender.

Chănôk (Enoc) - Capítulo 19: Verso 1: Y Ûrıyêl me dijo: Aquí estarán los ángeles que se han unido a las mujeres, y sus espíritus, adoptando diversas formas, están contaminando a la humanidad y la extraviarán para que sacrifique a demonios como dioses. Aquí estarán hasta el día del gran juicio, en el que serán juzgados hasta su exterminio.

Sacrificar a demonios como dioses, es exactamente donde nos encontramos hoy en día, aunque no podemos verlo o aceptarlo. Practica principal de los nefenilos para arrastrar a todo el que puedan a la perdición con ellos.

Chănôk (Enoc) - Capítulo 69: Versículo 8 & 12: Y el cuarto se llamaba Penemuel: Enseñó a los hijos de los hombres lo amargo y lo dulce, y les enseñó todos los secretos de su sabiduría. E instruyó a la humanidad en la escritura con tinta y papel... Y el quinto se llamaba Kasdeya. Este es quien mostró a los hijos de los hombres todos los ataques perversos de espíritus y demonios, y los ataques del embrión en el útero, para que muera, y los ataques del alma, las mordeduras de la serpiente, y los ataques que ocurren por el calor del mediodía, el hijo de la serpiente llamado Tabaet.

• Lo amargo y dulce: La dulzura del mal se desvanece pronto, pero su amargura permanece. Pretende dar vida, pero la roba, encantando los sentidos mientras corroe el espíritu.

• Escritura con tinta y papel: El mal se escribe como tinta oscura sobre un papel puro. Al principio, la mancha parece pequeña, pero se extiende, manchando lo que antes era limpio. No destruye el papel, sino que cubre su propósito, reescribiendo la verdad con mentiras. Solo la Palabra de Yahuah puede limpiar la página y restaurar su luz.

• Ataques perversos de demonios: Manifestaciones espirituales malignas que buscan oprimir, engañar y desviar al creyente mediante miedo, tentaciones o aflicciones del alma y del cuerpo.

• Ataques el embrión (Aborto): Una de las corrupciones más oscuras enseñadas por los Vigilantes, donde la vida es destruida antes de nacer. Este acto refleja la rebelión contra el don sagrado de Yahuah, apagando una luz antes de tiempo y convirtiendo el vientre, diseñado para vida, en un lugar de muerte.

• Ataques del alma: Son agresiones invisibles que buscan quebrar la fe, la esperanza y la identidad espiritual. Operan mediante la culpa, el temor y la confusión, intentando apagar la conexión del ser humano con Yahuah y sembrar vacío interior donde antes habitaban la paz y la verdad.

Y algunos aún se preguntan cuál es el origen de la práctica del aborto. Pues es claro, que es una enseñanza nefelina usada para destruir la humanidad o creación de Yahuah. Si leemos bien vamos a poder entender las tácticas o practicas del enemigo para tratar de destruir al pueblo de Yahuah.

9.5 Resumen de prácticas principales de los nefelinos

Tenemos un listado de las practicas principales de los nefelinos, las cuales puede repasar y estudiar tanto quieran o deseen. Sin embargo, recuerden que está listo solo presenta lo primordial, no presenta todas las variaciones de estas prácticas a través de los anos y generaciones, ni mucho menos todos los diferentes nombre ni ramificaciones que los nefelinos han creado en la humanidad para seguir su función de confundir.

Este listado presenta lo primordial (no todas las variaciones históricas ni los distintos nombres que han tomado):

• Brujería / Hechicería / Magia (encantamientos, conjuros, invocaciones)

• Farmakía (pócimas, drogas, preparados rituales)

• Astrología / Omenología (sol, luna, constelaciones, rayos, nubes)

• Metalurgia bélica (espadas, escudos, corazas) y vanidad (adornos, cosméticos)

• Consumo de sangre y corrupción de criaturas (hibridaciones)

Yôbêl (Jubileos) - Capítulo 12: Versículo 16 -20: Y en la sexta semana, en su quinto año, Abraham se sentó toda la noche al comienzo del séptimo mes para observar las estrellas desde la tarde hasta la mañana, a fin de ver cómo sería el carácter del año con respecto a las lluvias. Estaba solo mientras se sentaba y observaba. Y una palabra entró en su corazón y dijo: «Todas las señales de las estrellas, y las señales de la luna y del sol están todas en la mano de Yahuah. ¿Por qué las busco? Si él quiere, hace llover, mañana y tarde; y si él desea, no lo hace, y todas las cosas están en su mano. Y oró esa noche y dijo, mi Êlôhîym, Êlôhîym Elyôn Êl, solo tú eres mi Êlôhîym, y a ti y a tu dominio he elegido. Y tú has creado todas las cosas, y todas las cosas que son obra de tus manos. Líbrame de las manos de los espíritus malignos que dominan los pensamientos de los corazones humanos, y no permitas que me desvíen de ti, mi Êlôhîym. Y afiánzame a mí y a mi descendencia para siempre, para que no nos extraviemos de ahora en adelante y para siempre.

Parecería algo inocente lo que Abraham estaba haciendo, pero si es algo inocente y no es por mal, ni hace daño según el pensamiento de la humanidad, especialmente el observar las estrellas o constelaciones para determinar las lluvias del año, ¿Por qué fue reprendido? La práctica de observar las estrellas y las constelaciones para predecir si habrá lluvia, tormentas o cualquier otra cosa no es agradable a Yahuah; es la práctica de los nefelim.

Y cuando Abraham entiende su error ora y se arrepiente nos comparte algo poderoso "Líbrame de las manos de los espíritus malignos que dominan los pensamientos de los corazones humanos".

A esto es lo que llamamos influencias malignas pululando el pensamiento de las personas aun de los hijos de Yahuah, esto es todo lo que los espíritus malignos o demonios pueden hacer. Entonces, nuestra labor es rogar a Yahuah que nos libre de estas influencias y pensamientos.

Chănôk (Enoc) - Capítulo 54: Versículo 6: ... Para que Yahuah de los ruach se vengue de ellos por haberse convertido en súbditos del adversario y desviar a quienes habitan sobre la tierra.

Los demonios o nefelinos, sus enseñanzas desvían y llevan a la humanidad a su perdición, aunque no lo aceptemos o queramos ver. Yahuah al final se vengará de todos ellos por haber servido como instrumentos del adversario y desviar a los humanos. Esa es la verdad bíblica.

9.6 Los Nefelinos en las Escrituras

(Referencias bíblicas directas sobre su existencia).

Berēšhîṯh (Génesis) 6:4 "Había Nephı ̂yl en la tierra en aquellos días, y también después que vinieron los hijos de ĔLÔHÎYM a las hijas de los hombres, y les engendraron hijos. Estos fueron los valientes que desde la antigüedad fueron hombres de renombre."

Esta es la primera mención en Bereshith de la existencia de los Nefilim (o Nephiyl), y como puedes ver, declara claramente que se mezclaron con mujeres y produjeron hombres poderosos; en otras palabras, exactamente lo que hemos estado diciendo desde el principio: los gigantes, o Nefilim.

9.7 Los Nefelinos en la Tierra Prometida

(Gigantes que habitaron en Canaán).

Môsheh envía a reconocer la tierra, y los exploradores llegan a la tierra de Chebrón (Hebron), habitada por:

Bemīḏbar (Números) 13:22 "Y subieron por el sur, y vinieron hasta Chebrôn; y allí estaban Ăchîyman, Shêshay y Talmay, hijos de Ânâq. Chebrôn fue edificada siete años antes de Tsôan, la de Mitsrayim."

En Chebrón se encontraban Ăchîyman, Shêshay y Talmay — nefelinos—, hijos de los Ânâq (ángeles vigilantes). Chebrón fue edificada siete años antes que Tsôan, de Mitsrayim (Egipto). Esto indica que Tsôan en Egipto también es de origen nefelino.

Bemīḏbar (Números) 13:33 "También vimos allí Nephiyl, hijos de Ânâq, raza de los Nephiyl; y éramos nosotros, a nuestro parecer, como saltamontes; y así éramos a la vista de ellos."

Vemos que los gigantes o Nephîyl (nefelinos) son entonces hijos de los Ânâq (ángeles vigilantes).

9.8 Los Hijos de Ânâq

(Los descendientes directos de los Vigilantes).

Debārīm (Deuteronomio) 9:2 "Un pueblo grande y alto, hijos de Ănâqıy, de los cuales tienes conocimiento, y has oído decir: ¿Quién se sostendrá delante de los hijos de Ânâq?"

Ănâqîy es el gentilicio de los Ânâq, descendientes de los ángeles vigilantes, mejor conocidos en el mundo como los Annunaqiy.

9.9 Kâlêb y los Hijos de Ânâq

(La expulsión de los gigantes por la fe del justo).

Yahusha (Josué) 15:13 "Mas a Kâlêb, hijo de Yephûnneh, dio parte entre los hijos de Yahûdâh, conforme al mandamiento de YAHUAH a Yahusha: esto es, Arba, padre de Ânâq, que es Chebrôn."

Arba (Qiryath-Arba) es el padre de los Ânâq, que estaban en Chebrón; por lo tanto, Arba es descendiente de los ángeles vigilantes nefelinos. De él proceden los Anaqiy o Anaq, también conocidos en la historia como los Annunaqiy.

Kâlêb expulsó a los tres hijos de Ânâq, es decir, a los gigantes descendientes de los nefelinos que habitaban en Arba, la cual es Chebrón, en las regiones montañosas de Yahudah. Las escrituras te dicen con claridad quienes son los nefelinos y donde se situaron y cuales ciudades gobernaban, pero es obvio que no queremos ver la verdad, porque eso significaría que hemos estado en ceguera o en error y nadie quiere reconocer haber estado en error.

9.10 Los Râphâ, Zûzîym y Êymîym

(Los remanentes híbridos entre las naciones vecinas).

Berēšhīṯh (Génesis) 14:5 "Y en el año decimocuarto vino Kedorlâômer y los reyes que estaban de su parte, y derrotaron a los Râphâ en Ashterôth Qarnayim, a los Zûzıym en Hâm, y a los Êymıym en Shâwêh Qiryâthayim."

Râphâ, Zûzîym y Êymîym son diferentes nombres de los remanentes de los nefelinos o gigantes.

Debārīm (Deuteronomio) 2:10–11 "Los Êymıym (סימיא) habitaron en ella antes: pueblo grande, numeroso y alto como los Ănâqıy. Por Râphâ eran ellos también contados, como los Ănâqıy; y los Môâbıy los llamaban Êymıym."

Debārīm (Deuteronomio) 2:20 "Por tierra de Râphâ fue también ella tenida: habitaron en ella Râphâ en otro tiempo, a los cuales los Ammônıy llamaban Zamzôm."

9.11 Og de Bâshân — Último Rey Gigante

(El último bastión de los nefelinos en la Tierra).

Debārīm (Deuteronomio) 3:10 "Todas las ciudades de la llanura, y todo Gilâd, y todo Bâshân hasta Salkâh y Edrêıy, ciudades del reino de Ôg en Bâshân."

Og de Bashan fue uno de los últimos reyes gigantes nefelinos.

Debārīm (Deuteronomio) 3:13 "Y el resto de Gilâd, y todo Bâshân, del reino de Ôg, lo di a la media tribu de Menashsheh; toda la tierra de Argôb, todo Bâshân, que se llamaba la tierra de los Râphâ."

Bashan es también conocido como la tierra de los gigantes nefelinos. ¿Y será que no vemos ni mucho menos leemos? Tierra de los gigantes, ósea, de los nefelinos.

Capítulo 10
Los Gigantes en Tiempos de Dâwid

(La guerra final entre los siervos de Yahuah y los descendientes de los gigantes).

10.1 Golyath de Gath

1 Shemûêl (1 Samuel) 17:4 "Salió entonces un hombre del campo de los Pelishîy, que se puso entre los dos campos; se llamaba Golyath, de Gath, y tenía de altura seis codos y un palmo."

El gigante Golyath era descendiente de los nefelinos. Recordemos que los filisteos son nefelinos, por eso vamos a ver que casi todos los gigantes vienen de los filisteos.

Berēshîṯh (Génesis) - Capítulo 10: Verse-14: Y a Pathrûsîy, y a Kaslûchîym "Chasmoniyn" de donde salieron los Pelishîy, y a Kaphtôrîy.

Y vemos que los padres de los filisteos son los "Hasmoneos o Asmoneos". Por lo tanto, los padres son los progenitores de los nefelinos habitantes en los filisteos.

10.2 Otros gigantes caídos por Dâwid y sus siervos

2 Shemûêl (2 Samuel) 21:16–17 "Y Yishbô Benôb, que era de los hijos de Râphâ, y el peso de cuya lanza era de trescientos siclos de metal, y tenía él ceñida una nueva espada, trató de herir a Dâwid. Mas Ăᵬiyshay, hijo de Tserûyâh, lo socorrió e hirió al Pelishîy, y lo mató."

Yishbô Benôb, hijo de los gigantes nefelinos, murió en manos de Abiyshay.

2 Shemûêl (2 Samuel) 21:18–22 "Otra segunda guerra hubo después en Gôb contra los Pelishtıy: entonces Sibbekay el Chûshâthıy hirió a Saph, que era de los hijos de Râphâ. Otra guerra hubo en Gôb contra los Pelishtıy, en la cual Elchânân, hijo de Yaărêy Ôreĝıym, un Bêyth Hallachmıy, hirió a Golyath el Gittıy, cuyo asta de lanza era como una viga de tejedor. Después hubo otra guerra en Gath, donde hubo un hombre de gran estatura, que tenía doce dedos en las manos y doce en los pies, veinticuatro en total; también era de los hijos de Râphâ. Este desafió a Yâshârêl, y lo mató Yahônâthân, hijo de Shimâ, hermano de Dâwid. Estos cuatro le habían nacido a Râphâ en Gath, los cuales cayeron por la mano de Dâwid y de sus siervos."

El hermano de Dâwid también mató a uno de los gigantes nefelinos. En total, cuatro gigantes fueron muertos por Dâwid y sus hombres.

10.3 Presencia nefelina a lo largo de las Escrituras

Como podemos ver los nefelinos o gigantes están por todas las escrituras, aunque algunos neófitos quieran decir que eran humanos grandes, las escrituras son claras y te dicen que eran gigantes, y si lees bien, veras que son la descendencia de los nefelinos. Pero entiendo que muchos se encuentran evasivos y de ninguna forma quieran aceptar estas verdades, porque esto significaría que estaban en desconocimiento o error y nadie quiere reconocer que se ha equivocado y peor aún, que esto desenmascara el velo de mentira bajo el cual nos han querido tener durante tanto tiempo para que no veamos a nuestro alrededor y reconozcamos los hijos de las tinieblas o de demonios.

Podemos ver la presencia nefelina en toda la historia de las escrituras, desde Nôach, los patriarcas, los jueces, los reyes, los profetas hasta llegar a nuestro tiempo. Rastrear todas las hazañas de esta descendencia maldita en las escrituras llevaría par de libros, veamos algunas menciones nada más.

10.4 Adoración a Baal (profetas y reyes que la confrontaron)

1. Adoración a Baal (Profetas y Reyes que la Confrontaron)
Gid'on (Gedeón) — Ídolo: Baal, Asherah (Ba□al, □Ašerah)
Escritura: Shophetim / Jueces 6:25–32

Resumen: Destruyó el altar de su padre dedicado a Baal y cortó el poste de Asherah, estableciendo adoración a Yahuah.

Achâb (Acab) y Îyzebel (Jezabel) — Ídolo: Baal, Asherah
Escritura: 1 Melakim / Reyes 16:31–33

Resumen: Introdujeron la adoración fenicia de Baal en Yâshârêl; construyeron un templo para Baal en Shomrón (Samaria).

Êlıyâhû (Elías) — Ídolo: Baal
Escritura: 1 Melakim / Reyes 18:17–40

Resumen: Desafió a 450 profetas de Baal en el Monte Karmel; Yahuah respondió con fuego, demostrando Su supremacía.

Êlıyshâ / Yêhû (Eliseo / Jehú) — Ídolo: Baal
Escritura: 2 Melakim / Reyes 10:18–28

Resumen: Yehu destruyó el templo y los sacerdotes de Baal, cumpliendo el juicio de Yahuah declarado por Eliyahu.

Hoshea (Oseas) — Ídolo: Baal, Ashtarot
Escritura: Hoshea 2:8–13; 13:1–2

Resumen: Condenó a Yâshârêl por adulterio espiritual, apartándose de Yahuah para seguir a los Baalim (baal).

YirmeYahu (Jeremías) — Ídolo: Baal

Escritura: YirmeYahu 2:8; 19:5; 32:35

Resumen: Denunció a Yahudah (Judá) por ofrecer incienso a Baal y sacrificar niños a Molek.

TsefanYahu (Sofonías) — Ídolo: Baal
Escritura: TsefanYahu 1:4–6

Resumen: Profetizó que Yahuah eliminaría el nombre de Baal de Yahudah.

10.5 Asherah / Reina del Cielo

Asherah / Reina del Cielo
Shelomoh (Salomón) — Ídolo: Ashtoreth (Aštōret)
Escritura: 1 Melakim / Reyes 11:4–8

Resumen: Edificó lugares altos para Ashtoreth y Kemosh bajo la influencia de sus esposas extranjeras.

YirmeYahu (Jeremías) — Ídolo: Reina del Cielo (Ishtar/Astarte)
Escritura: YirmeYahu 7:18; 44:17–19

Resumen: Condenó al pueblo por hornear tortas y quemar incienso a la Reina del Cielo (una diosa de fertilidad y del cielo).

Mikhah (Miqueas) — Ídolo: Asherah e imágenes talladas
Escritura: Mikhah 1:6–7; 5:13

Resumen: Profetizó que Yahuah destruiría todos los ídolos y postes sagrados del país.

10.6 Molek / Sacrificio de niños (Tophet en el Valle de Hinnom)

Molek / Sacrificio de Niños (Topheth en el Valle de Hinnom)
Achâb — Ídolo: Molek (Mōleḵ)
Escritura: 2 Melakim / Reyes 16:3–4

Resumen: Hizo pasar a su hijo por el fuego, imitando las prácticas abominables de los Kenaʿanim (cananeos).

Menashsheh (Manasés) — Ídolo: Molek, Baal
Escritura: 2 Melakim / Reyes 21:3–7

Resumen: Reconstruyó altares a Baal, levantó un poste de Asherah y ofreció a sus hijos en fuego.

YirmeYahu (Jeremías) — Ídolo: Molek
Escritura: YirmeYahu 7:31; 19:5; 32:35

Resumen: Condenó el sacrificio de hijos e hijas en el Valle de Hinnom (Topheth).

10.7 Becerros de oro y centros de culto falsos

Becesros de Oro y Centros de Culto Falsos

Aharon / Yâshârêl — Ídolo: Becerro de Oro
Escritura: Shemoth / Éxodo 32:1–35

Resumen: Yâshârêl adoró un becerro de oro en el monte Sinai, llamándolo su dios; la ira de Yahuah se encendió contra ellos.

Yerovʿam (Jeroboam) — Ídolo: Becerros de Oro
Escritura: 1 Melakim / Reyes 12:28–33

Resumen: Estableció becerros en Beit-El y Dan para evitar que el pueblo fuera a Yerushalayim, diciendo: '¡Estos son tus dioses, oh Yâshârêl!'

Chizqiyahu (Ezequías) — Ídolo: Nehushtan (serpiente de bronce)
Escritura: 2 Melakim / Reyes 18:4

Resumen: Destruyó la serpiente de bronce cuando el pueblo comenzó a quemarle incienso.

10.8 Adoración al sol, a las estrellas y al "ejército del cielo"

Adoración al Sol, Estrellas y el Ejército del Cielo
(Host del Shamayim)
Menashsheh (Manasés) — Ídolo: Ejército del Cielo
Escritura: 2 Melakim / Reyes 21:3–5

Resumen: Construyó altares a los cuerpos celestes dentro del Templo de Yahuah y adoró al ejército de los shamayim (cielos).

Yechezqê'l (Ezequiel) — Visión 1 — Ídolo: Ídolo de Celos
Escritura: Yechezqê'l 8:5–6

Resumen: Una imagen provocadora cerca de la puerta norte que causaba celos en Yahuah.

Yechezqê'l (Ezequiel) — Visión 2 — Ídolo: Imágenes y criaturas
talladas
Escritura: Yechezqê'l 8:10–12

Resumen: Setenta ancianos ofreciendo incienso ante grabados de abominaciones en los muros del Templo.

Yechezqê'l (Ezequiel) — Visión 3 (Explícita) — Ídolo: Mujeres

llorando por Tammûz (Tammūz)
Escritura: Yechezqê'l 8:14

Resumen: Mujeres sentadas a la puerta del norte de la casa de Yahuah llorando por Tammûz.

Yechezqê'l (Ezequiel) — Visión 4 — Ídolo: Adoración al sol
Escritura: Yechezqê'l 8:16–18

Resumen: Veinticinco hombres adorando al sol hacia el oriente dentro del atrio interior del Templo.

Amos — Ídolo: Sikkuth, Kiyun
Escritura: Amos 5:25–27

Resumen: Condenó a Yâshârêl por llevar imágenes de deidades astrales junto con la adoración de Yahuah.

10.9 Ídolos babilonios (Bel, Nebo, Dragón)

Ídolos Babilonios (Bel, Nebo, Dragón)

YashaYahu (Isaías) — Ídolo: Bel, Nebo
Escritura: YashaYahu 46:1–2

Resumen: Se burló de los dioses babilonios que deben ser cargados por los hombres y no pueden salvarse a sí mismos.

Dânıyêl — Ídolo: Bel, Dragón
Escritura: Bel y el Dragón 1:1–28

Resumen: Demostró que Bel (baal) era un fraude y destruyó al ídolo dragón, mostrando que los ídolos no tienen poder.

10.10 Meditación final

Mediitemos en esta corta lista y veremos como los nefelinos siempre han estado ahí, sirviendo de tropiezo e infiltrados en las cosas de Yahuah. La noción que nos han vendido que los nefelinos y sus descendientes son cosas del pasado, ha sido muy bien estructurada, del modo tal que nosotros así lo hemos creído, pero la realidad es más impactante o aterradora de lo que aparenta. Los nefelinos y sus descendientes están en medio de nosotros, mucho más cerca de lo que pensamos y al final de estos escritos veremos con claridad o quedaremos totalmente ciegos.

Capítulo 11
Remanente de los Nefelinos en los Tiempos del Nuevo Testamento

(La infiltración del linaje maldito en la era apostólica).

11.1 Los rastros visibles de los nefelinos en las Escrituras

Estos son los rastros más visibles encontrados en las Escrituras sobre los gigantes nefelinos o el remanente de los nefelinos.

Sin embargo, debemos considerar otros factores para entender mejor la magnitud de esta raza maldita.

Factores ocultos que amplían la comprensión de la raza maldita

Vamos a analizar un versículo en específico para iniciar el desmentir de la raza o descendientes de los nefelinos.

Estamos claros que babel es la cuna de los nefelinos, y que los mismos fueron dispersados por todas las naciones, tribus, pueblos y lenguas. Pero vamos a iniciar con algo antiguo e inusual para esta jornada.

El enigma de Génesis 10:14

> *Génesis 10:14 "y los Patrosoniim, y los Chasmoniim (de donde surgieron los Phylistiim) y los Gaphthoriim." (Traducción Brenton's Septuagint).*

> *Berēshīth (Génesis) - Capítulo 10: Verse-14: Y a Pathrûsiy, y a Kaslûchiym y a Chasmoniym de donde salieron los Pelishtiy, y a Kaphtôriy.*

Los descendientes de Châm (Cam) y la mezcla con la sangre nefelina

Todos estos vienen de la descendencia de Châm (Cam), establecido en la región de Canaán, los cuales son los que se mezclaron con la sangre nefelina, creando esa generación que tenemos hoy en día.

La diferencia textual en la Septuaginta

Como pueden ver en la versión Septuaginta existe una diferencia en el texto, ellos tienen "Chasmoniin". Ahora entre los grupos presentados en Berēšhīṯhh son 4 "Pathrûsîy, y a Kaslûchîym de donde salieron los Pelishtîy (filisteos), y a Kaphtôrîy (gath)". Si estudian cuidadosamente la división de la tierra en los tiempos de Nôach, se van a dar cuenta que cada uno de estos grupos son descendientes o pueblos habitados por nefelinos, incluyendo a los filisteos y gath o kapthroriy (gath), de donde salen todos los gigantes.

"Chasmoniin": la pista oculta y el nombre borrado de los filisteos

Sin embargo, la Septuaginta nos da una pista más "Chasmoniin" que son los conocidos como "Asmoneos" que son los mismos que los filisteos, solo que con diferente nombre. El nombre "Asmoneos" ha sido ocultado durante siglos por muchas razones, pero para traer este nombre a la luz, entonces crearon en falsedad en libro de los Macabeos, en el tiempo entre Malaquías y Mateo (Nuevo Testamento).

Resumen revelatorio inicial

Resumiendo y recalcando para comenzar con claridad, babel, cuna de los nefelinos esparcidos por todos lados, Kasluchiyn grupo de nefelinos, de donde vienen los Pelishtiy (filisteos), los cuales llevan el mismo nombre oculto de "Hasmoneos o Asmoneos". Esto nos lleva a entender un demonio nefelino del cual nos habla el libro de Tobit. Este nefelino es echado y entonces se alberga o se va hasta Egipto, donde hace su nueva morada.

Asmodeo: el demonio nefelino revelado

Asmodeo (hebreo: אַשְמְדּאָי, 'Ašməddāy, griego antiguo: Ἀσμοδαῖος, Asmodaios) también llamado Asmodeus, Asmodaios,

Asmodai, Hasmoday, Chashmodai, Azmonden o Sidonay, es uno de los príncipes de los demonios en la demonología de las religiones abrahámicas.

Asmodeo o Chasmodai, viene de *aēšma-daēva" o "ashem – hashem, hashema" que es lo mismo que "Chasmoniyn o Asmoneos".

11.2 Los dioses de las naciones y la conexión nefelina

Melā<u>k</u>īm (2 Reyes): Capítulo 17: Verse-29-31: Más cada nación se hizo sus dioses, y los pusieron en los templos de los lugares altos que habían hecho los Shômerôñɪy; cada nación en su ciudad donde habitaba. Los de Bâbel hicieron a Sûkkôth Benôth, y los de Kûth hicieron a Nêrgal, y los de Chămâth hicieron a Ăsħɪymâ. Los Awwiym hicieron a Nibchaz y a Tartâq y los Sepharwɪy quemaban sus hijos al fuego a Adrammelek y a Ânammelek, dioses de Sepharwayim.

Ashima / Aeshema / Asmodeo: el dios de los samaritanos

Este es el dios de los samaritanos "ashima, aeshema, asmodeus", que es el mismo padre de los filisteos asmoneos o chasmoniym. Sabías que los samaritanos son los habitantes de Cainan, así se le llamo a su tierra, y sabes en realidad que es Cainan? Cainan o Canaán la descendencia del padre del ocultismo llamado "Qeynan", el mismo que encontró las enseñanzas ocultas de los nefelinos, las copio, aprendió y propago. ¿Estas entendiendo?

Los Asmoneos: usurpadores del templo y herederos del linaje caído

Alrededor del 120 BC, se produjo la revuelta o revolución de los Chamonean o Asmoneos, quienes usurparon el templo, reemplazaron el sumo sacerdote y quedaron ellos entonces como los supuestos representante del templo en ese entonces. Quedan en total poder, y esos son los mismos que continúan el liderazgo en tiempos de Constantino y son los mismos líderes del imperio romano que tenemos hoy en día.

Esto nos lleva a preguntarnos, por qué el termino fariseo, saduceo o esenios, no se encuentran en el Antiguo Testamento, sino que solo aparecen en el Nuevo Testamento. Estos grupos fascistas todos pertenecientes al mismo movimiento o descendencia nefelino, habían tomado control total del templo y de todo lo que tenía que ver con lo religioso.

El Sacerdote Malvado y la profanación del día de expiación

"Además, el vino es traicionero; el hombre arrogante se envanece. Pero nuestro comentarista lee bôn ('riqueza') en lugar de hayyayin ('el vino') y explica que el pasaje se refiere al Sacerdote Malvado, cuyo corazón se enalteció al llegar al poder, de modo que abandonó a Dios y actuó traicioneramente con las ordenanzas por causa de la riqueza (1Q pág. Hab. viii 10 s.): . El Sacerdote Malvado «persiguió al Maestro de Justicia para devorarlo en su ardiente furia, hasta el punto de ser descubierto,» F.F. Bruce, «El Rollo de Habacuc del Mar Muerto», Anuario de la Sociedad Oriental de la Universidad de Leeds I (1958/59): 5-24. y, con ocasión del sagrado tiempo de descanso, el día de la expiación, irrumpió entre ellos para devorarlos y hacerlos tropezar en el día de ayuno, su sabbat de descanso. El reinado y gobierno religioso de los Asmoneos, progenitores de los filisteos, escondidos ancestralmente para que no sepamos que sus descendientes nefelinos son los fariseos, saduceos y esenios en el tiempo de Yahusha Ha Mashiyach.

11.3 Yahusha y la confrontación con la descendencia nefelina

(El linaje de la rebelión frente al Hijo del Hombre.)

Este es el contexto que Yahusha Ha Mashiyach encuentra al venir por su pueblo, y Yahusha es completamente claro y te dice quiénes son ellos y cuál es su descendencia, te dice que son "Hijos de demonios" o es que no entiendes los términos usados por Yahusha, ¿acaso te es más claro el término "hijos de su padre el diablo", o prefieres el término "hijos de los nefelinos"? puedes escoger el que te parezca mejor, todos son los mismos y estos son los grupos en la época de Yahusha, y este es el contexto donde iniciamos en el Nuevo Testamento.

Aclarando, los fariseos, saduceos, esenios son todos servidores e hijos de los Chasmoniim, que son los padres de los filisteos, que a su vez son la descendencia nefelina. Nefelinos, Ismaelitas, Edomitas, Asmoneos (Chasmoneos), Fariseos, Esenios, Saduceos, Constantino (Imperio Romano), todos servidores y siguiendo la línea de su progenitor babel o nefelinos.

11.4 Yôchânân the Baptistis (Juan el Bautista) – denuncia a los nefelinos.

(Los fariseos, los saduceos y la generación de Echidna).

Mattithyâhû (Mateo) - Capitulo 3: Verse-7: Y viendo él muchos de los Pârâsh y de los Tsâdôq, que venían a su bautismo, les decía: Generación de Echidna, ¿Quién les ha enseñado a huir de la ira venidera?

En las traducciones tradicionales de las escrituras encontraran como "generación de víboras", pero el termino en griego es ἔχιδνα "echidna". Solo tienen que buscar en google, que es "echidna" en griego y automáticamente van a entender lo que Yôchânân está diciendo. "En la mitología griega, Equidna (en griego antiguo, Ἔχιδνα - Ejidna: «víbora»; en latín, Echidna) era una monstruosa ninfa que pertenecía a la estirpe de las Fórcides, o monstruos serpentinos femeninos."

Para los que poblanamente aun no entiendan, Yôchânân sabe quiénes son ellos, a quien ellos sirven y que es su genealogía o descendencia. Echidna es un demonio femenino, que lo tradujeron en latín como víbora para ocultar el verdadero significado. Y si Yôchânân les está diciendo que son generación de "echidna =

demonios". ¿Qué parte no entendemos?

Y a quienes los está llamando así "Pârâsh y Tsâdôq", entiéndase los fariseos y saduceos, que son los lideres después de la usurpación del templo. Pero, tal vez aun no es claro, porque eso no lo dijo Yahusha, ¿verdad?

11.5 Yahusha Ha Mashiyach se enfrenta a los nefelinos

Mattithyâhû (Mateo) - Capitulo 12: Verse-34: Generación de Echidna, ¿cómo pueden hablar bien, siendo malos? Porque de la abundancia del corazón habla la boca.

Mattithyâhû (Mateo) - Capitulo 2: Verse-33: ¡Serpientes, generación de Echidna! ¿Cómo escapará la condenación del Geenna?

¿Quién está hablando en estos versículos y a quienes les está hablando? Bueno, solo tenemos que leer el contexto y veremos que es Yahusha mismo quien llama a los fariseos y saduceos generación de echidna, generación de demonios y para aclarar, es lo mismo que generación de nefelinos.

El trabajo o papel de esta generación de demonios, ha sido desde el principio, oponerse a todo lo que tiene que ver con Yahuah, perseguir los seguidores de Yahuah, matar los seguidores o profetas de Yahuah. Y ¿Qué es exactamente lo que hacen con Yahusha? Esta generación de echidna busca matarlo e intentan matarlo varias veces, pero su tiempo aún no había llegado.

En la multitud de todas las predicas y enseñanzas de Yahusha, siempre habían dos grupos principales. El primer grupo de personas que genuinamente querían escuchar de Yahusha y conocer de Yahuah. El segundo grupo que se oponía a todo lo que Yahusha decía, estos eran los líderes religiosos que habían usurpado el templo, cambiando el sumo sacerdote e instituido su propia religión que no era la de Yahuah, sino la de sus ancestros o progenitores "los nefelinos"

Presta mucha atención cuando Yahusha habla, que siempre que habla primero se dirige al pueblo necesitado de su palabra y después a los hijos o descendientes de demonios, echidna, nefelinos, cualquiera de los términos que comprendan mejor.

Mattithyâhû (Mateo) - Capitulo 16: Verse-4: La generación mala y adultera demanda señal; más señal no le será dada, sino la señal de Yônâh el profeta. Y dejándolos, se fue.

Yôchânân (Juan) - Capitulo 8: Verse-44: Ustedes son de su padre el Diábolos, y los deseos de su padre quieren cumplir. Él, homicida ha sido desde el principio, y no permaneció en la verdad, porque no hay verdad en él. Cuando habla mentira, de él mismo habla; porque es mentiroso, y padre de mentira.

Solamente les comparto algunos versículos porque toda la escritura está llena de estos grupos y siempre los verán refutando, negando y tratando de desmentir la verdad de Yahusha con la mentira de su padre. Y si Yahusha los llama "hijos del diablo", ósea, hijos de demonio, entonces, si el padre es el diablo, ¿Qué serian ellos?

11.6 Maśṭêmâh en el Nuevo Testamento

L a tentación de Yahusha, donde el adversario viene y lo tienta con las escrituras. Este tentador, no era un demonio, no era un nefelino, este tentador es el mismo ángel que vimos en el antiguo testamento, probando a los seguidores de Yahuah.

En algunos lados lo verán como satanás, pero recuerden que la palabra no es un gentilicio o nombre propio, esta palabra significa, adversario, enemigo, opositor. Por esto es que ustedes ven que Yahusha habla con este ángel y sin proferir ni una sola palabra o maldición, simplemente le contesta con la verdad de la palabra.

Mattithyâhû (Mateo) - Capitulo 4: Verse-3: Y llegándose a él el tentador, dijo: Si eres Hijo de Êlôhîym, di que estas piedras se conviertan en pan.

Mattithyâhû (Mateo) - Capitulo 4: Verse-11: El Diábolos entonces le dejó: y he aquí los ángeles llegaron y le servían.

Διάβολος "diabolos": Un calumniador, (compárese [H7854]): - falso acusador, diablo, calumniador.

Esta es la palabra en griego para entender cuando Yahusha reprende al diablo y se va. En otras palabras reprende al calumniador, tentador, acusador o diablo.

Pero esta palabra viene del hebreo H7854, que es śâṭân: un oponente, adversario, resistir.

Que es el mismo personaje que mencionamos en el Antiguo Testamento por su nombre propio "Maśṭêmâh". Que es el mismo que pide permiso para zarandear o tentar a Pedro.

Y su labor se extiende por todas las escrituras y continuará hasta el final de los tiempos.

Capítulo 12
Demonios (nefelinos) en el Nuevo Testamento

(Evidencias del linaje caído operando bajo el disfraz de posesiones y enfermedades)

12. 1. Demonios o Espíritus Nombrados

Legión

Referencias: Markos (Marcos) 5:1–20; Lukas (Lucas) 8:26–39; Mattithyahu (Mateo) 8:28–34

Descripción: Multitud de demonios que poseían a un hombre entre los gadarenos. Se identifican diciendo: "Legión, porque somos muchos." Suplicaron a Yahusha no ser enviados fuera de la región y entraron en el ato de cerdos.

Beelzebul (Beelzebub)
Referencias: Mattithyahu 12:24; Markos 3:22; Lukas 11:15

Descripción: Llamado el 'príncipe de los demonios'. Los parash (fariseos) acusaron a Yahusha de expulsar demonios por medio de Beelzebul. Relacionado con Baal-Zebub, el dios filisteo de Eqrón (2 Reyes 1:2).

Satanás / adversario / el Diablo (Mastemah)
Referencias: Mattithyahu 4:1–11; Lukas 4:1–13; Yôchânân (Juan) 8:44; Apokálypsis (Apocalipsis) 12:9

Descripción: El adversario y acusador, tentador y príncipe de los ángeles caídos. Tienta a Yahusha y se opone a la verdad del Reino.

12.1.2. Tipos de Espíritus Malignos

Espíritus Inmundos
Referencias: Markos 1:23–27; Lukas 4:33–36

Descripción: Término general para los demonios que poseen o atormentan a las personas. Yahusha los expulsa con autoridad.

Espíritu Sordo y Mudo
Referencias: Markos 9:17–29

Descripción: Causa mutismo, sordera y convulsiones. Yahusha lo reprende y ordena: "Espíritu sordo y mudo, sal de él."

Espíritu de Enfermedad
Referencias: Lukas 13:11–13

Descripción: Una mujer encorvada durante dieciocho años fue liberada de un espíritu de enfermedad por Yahusha.

Espíritu de Adivinación (Python - pitón)
Referencias: Prásso (Hechos) 16:16–18

Descripción: Una sierva poseída por un espíritu de adivinación que generaba ganancias a sus amos. Shaul (Pablo) lo expulsó en el Nombre de Yahusha Ha Mashiyach.

Espíritu de Error / Antimashiyah
Referencias: 1 Yôchânân (Juan) 4:1–6

Descripción: Espíritu que niega que Yahusha es el Mashiyach y promueve falsas enseñanzas.

Espíritu de Temor
Referencias: 2 Timotheos 1:7

Descripción: Influencia demoníaca que causa miedo y cobardía; contrapuesto al ruach de poder, amor y dominio propio.

Espíritu de Engaño y Fornicación
Referencias: Efésios (Efesios) 2:2; 1 Timotheos 4:1–2; Apokálypsis (Apocalipsis) 18:2

Descripción: El espíritu que opera en los hijos de desobediencia, llevando a la idolatría, inmoralidad y corrupción espiritual.

12.1.3. Espíritus Colectivos o Simbólicos

Siete Espíritus Más Malvados
Referencias: Mattithyahu 12:43–45; Lukas 11:24–26

Descripción: Cuando un espíritu inmundo sale de una persona pero no encuentra descanso, regresa con siete peores, simbolizando la recaída en mayor maldad.

Apollyon / Abaddon
Referencias: Apokálypsis (Apocalipsis) 9:11

Descripción: El 'Destruidor' que lidera a los demonios del abismo; rey sobre los langostas infernales.

12.1.4 Resumen General

Nombre del Espíritu / Demonio	Naturaleza o Función	Referencias
Legión	Multitud de demonios en un solo hombre	Markos 5:9
Beelzebul	Príncipe de los demonios	Mattithyahu 12:24
Satan / Diablo	Adversario, tentador y acusador	Mattithyahu 4:1–11
Espíritus Inmundos	Entidades demoníacas en general	Markos 1:23–27
Espíritu Sordo y Mudo	Causa mutismo y sordera	Markos 9:17–29
Espíritu de Enfermedad	Causa deformidades físicas	Lukas 13:11–13
Espíritu de Adivinación	Engaño y adivinación	Prásso 16:16–18
Espíritu de Error / Antimasiyah	Doctrinas falsas	1 Yôchânân 4:1–6
Espíritu de Temor	Miedo y ansiedad	2 Timotheos 1:7
Siete Peores Espíritus	Recaída en mayor maldad	Mattithyahu 12:43–45
Apollyon / Abaddon	Destruidor del abismo	Apokálypsis 9:11

12.2 Ídolos y deidades paganas en el Nuevo Testamento
(La herencia pagana que se infiltró en el Nuevo Pacto.)

12.2.1. Deidades Paganas Nombradas

Artemisa (Diana)

Referencias: Prásso (Hechos) 19:23–41

Descripción: Diosa o demonio nefelino adorada en Éfeso, proclamada por la multitud como 'Grande es Artemisa de los Efesios'. La enseñanza de Shaul (Pablo) contra los ídolos provocó un gran alboroto entre los plateros que hacían templos de ella. El templo de Artemisa era una de las Siete Maravillas (demonios) del Mundo Antiguo.

Zeus (Júpiter)
Referencias: Prásso (Hechos) 14:11–13

Descripción: Después de que Shaul (Pablo) sanó a un hombre cojo en Listra, la gente pensó que Bar-Nabah (Bernabé) era Zeus y Shaul era Hermes. El sacerdote de Zeus trajo toros y guirnaldas para ofrecerles sacrificios.

Hermes (Mercurio)
Referencias: Prásso (Hechos) 14:11–13

Descripción: Dios (demonio nefelino) mensajero griego. Los de Listra creyeron que Shaul era Hermes porque él era el que hablaba. Ambos apóstoles rasgaron sus vestiduras y exhortaron al pueblo a volverse al Êlôhîym vivo.

Cástor y Pólux (Los Dióscuros) – demonios nefelino de Roma.

Referencias: Prásso (Hechos) 28:11

Descripción: Gemelos hijos de Zeus y protectores de los marineros (demonios nefelinos de Roma). El barco alejandrino que llevaba a Shaul tenía su imagen como figura de proa ('los Gemelos').

12.2.2. Dioses Falsos e Ídolos Mencionados Indirectamente

'Dios Desconocido'
Referencias: Prásso (Hechos) 17:22–23

Descripción: Shaul encontró un altar en Atenas con la inscripción: 'Al Dios Desconocido'. Lo utilizó para anunciar a Yahuah, el verdadero Creador de los cielos y la tierra.

Baal y Astoret (Mencionados)
Referencias: Rómĕos (Romanos) 11:4

Descripción: Shaul cita 1 Melakim (1 Reyes) 19:18, refiriéndose a los 7,000 que no doblaron rodilla ante Baal. Estos ídolos antiguos son recordados como símbolos de apostasía y rebelión contra Yahuah.

Mamón (mammōnas)
Referencias: Mattithyahu (Mateo) 6:24; Lukas (Lucas) 16:13

Descripción: Personificado como un falso amo o deidad de las riquezas. Yahusha enseñó: 'No pueden servir a Yahuah y a Mamón (mammōnas).'

Beelzebul (Beelzebub)
Referencias: Mattithyahu (Mateo) 12:24; Markos (Marcos) 3:22;
Lukas (Lucas) 11:15

Descripción: Derivado de Baal-Zebub ('señor de las moscas'), el dios filisteo de Eqrón. En el Nuevo Testamento se le llama el príncipe de los demonios.

12.2.3. Idolatría y Cultos Paganos Condenados

Ídolos Hechos por Manos de Hombre

Referencias: Prásso (Hechos) 17:29; Rómĕos (Romanos) 1:23;
Apokálypsis (Apocalipsis) 9:20

Descripción: Condenados como obras sin vida hechas por manos humanas, de oro, plata, piedra o madera. El libro de Apokálypsis (Apocalipsis) advierte que los hombres 'no se arrepintieron de adorar a los demonios y a los ídolos de oro y de plata.'

Imágenes de Hombres, Aves y Bestias

Referencias: Rómĕos (Romanos) 1:23

Descripción: La humanidad cambió la estima de Yahuah por imágenes de la creación. Shaul condena esta corrupción del culto divino.

La Bestia y Su Imagen
Referencias: Apokálypsis (Apocalipsis) 13:14–15; 14:9–11; 19:20

Descripción: Símbolo de la idolatría de los últimos tiempos y de la adoración al poder mundano bajo influencia satánica. Aquellos que adoran la imagen de la Bestia son condenados.

Babilonia la Grande (supuesta reina del Cielo) – demonio nefelino.
Referencias: Apokálypsis (Apocalipsis) 17–18

Descripción: La mujer ramera simboliza el gran sistema de fornicación espiritual e idolatría. Representa el resurgimiento del antiguo culto de las diosas —Ishtar, Astarte y otros similares— en rebelión contra Yahuah.

Nombre / Ídolo	Origen	Descripción	Referencias Clave
Artemisa (Diana)	Griego	Diosa (demonio nefelino) de la fertilidad y la luna, adorada en Éfeso	Prásso 19:23–41
Zeus (Júpiter)	Griego	Dios (demonio nefelino) principal del Olimpo	Prásso 14:11–13
Hermes (Mercurio)	Griego	Mensajero de los dioses (nefelino)	Prásso 14:11–13
Cástor y Pólux	Griego	Gemelos hijos de Zeus, protectores de marineros (Roma)	Prásso 28:11
Dios Desconocido	Griego	Altar ateniense a una deidad sin nombre	Prásso 17:22–23
Baal / Astoret	Cananeo	Falsos dioses de la apostasía de Yâshârêl	Rómĕos 11:4
Mamón	Arameo	Deidad personificada de la riqueza	Mattithyahu 6:24; Lukas 16:13
Beelzebul	Filisteo	Señor (demonio nefelino) de los demonios / falso dios	Mattithyahu 12:24
Ídolos de Oro y Plata	Naciones Paganas	Objetos de adoración falsa	Prásso 17:29; Apokálypsis 9:20
Imagen de la Bestia	Simbólico / Profético	Idolatría del poder mundane	Apokálypsis 13:14–15
Babilonia la Grande	Simbólico	Sistema idolátrico mundial / religión falsa	Apokálypsis 17–18

Capítulo 13
El Legado de Constantino

(La herencia babilónica del Imperio Romano).

13.1 De Babel a Roma: la continuidad del culto pagano bajo un nuevo rostro.

En los tiempos del emperador Constantino, observamos claramente el remanente y su influencia, pues él heredó todas las enseñanzas y creencias de Babel.

Podemos ver la manifestación de este remanente también en el Nuevo Testamento, de forma implícita, a través de las acciones de los fariseos, cuando Yahusha mismo los llama directamente hijos de demonios (nefelinos), al decirles: "Hijos de Echidna."

Tanto así que Yahusha les declara quién es su padre —y no es Yahuah—, aunque muchos no logran entenderlo.

El mundo moderno, desde los tiempos de Yahusha hasta hoy, ha estado lleno del remanente de los nefelinos, infiltrados en todo lugar, grupo y familia.

Su actividad favorita a lo largo de la historia ha sido asesinar a los que anuncian las palabras de Yahuah, incluyendo al mismo Yahusha, y posteriormente a los discípulos y apóstoles.

13.2 La Creación del Dios del Imperio Romano

(La falsificación de los nombres divinos y la manipulación de las Escrituras).

Para consolidar su engaño, el remanente nefelino en Roma llevó a cabo un plan sistemático:

1. Insertaron dos letras en el alfabeto (J y V) para justificar los nombres paganos de: Jehovah, jesus.

2. Borraron todos los nombres de Yahuah / Yahusha de las Escrituras en todas las tradiciones, en el original hebreo no es ni nunca será posible alterarla.

3. Leudaron las Escrituras con sus enseñanzas paganas (cruz, cristiano, cristo, cumpleaños).

4. Añadieron secciones falsas para justificar las doctrinas de los nefelinos (trinidad).

5. Conquistaron naciones para formarlas desde cero bajo su nueva religión y su nuevo dios.

6. Crearon el supuesto kanon (conjunto de libros que ellos decidieron la humanidad podría leer, dejando y ocultando el listo del canon original de los sacerdotes descendientes de Aharon y guardianes del verdadero canon en qumram) como regla de lo que se podía o no leer.

7. Ocultaron los escritos inspirados, y manipularon el término "apócrifo" para hacerlo sonar maligno o prohibido, cuando en realidad fueron libros ocultados por ellos.

8. Inventaron términos e insertaron palabras ajenas en las Escrituras, tales como:

cruz (símbolo del demonio Tammuz), trinidad, cristo, cristiano, dios, señor, Jesús, Jehová, entre otros.

9. Saturnalia – navidad : Las saturnales se celebraban por dos motivos:

• En honor a Saturno, dios de la agricultura.

• Como homenaje al triunfo de un victorioso general (fiesta del triunfo).

13.3 Saturnalia y la "Navidad"

(Del sacrificio a Saturno al árbol decorado: la transformación pagana que sobrevivió al tiempo)

aturnalia, en honor de Saturno, fue introducida alrededor del 217 a. C. para elevar la moral de los ciudadanos después de una derrota militar sufrida ante los cartagineses en el lago Trasimeno. Oficialmente se celebraba el día de la consagración del templo de Saturno en el Foro romano, el 17 de diciembre, con sacrificios y banquete público festivo (lectisternium) y al grito multitudinario de «Io, Saturnalia». Pero esta fiesta era tan apreciada por el pueblo, que de forma no oficial se festejaba a lo largo de siete días, del 17 al 23 de diciembre.

Eran siete días de bulliciosas diversiones, orgías, banquetes e intercambio de regalos. Las fiestas comenzaban con un sacrificio en el templo de Saturno (en principio el dios más importante para los romanos hasta Júpiter), al pie de la colina del Capitolio, la zona más sagrada de Roma, seguido de un banquete público al que estaba invitado todo el mundo. Los romanos asociaban a Saturno, dios agrícola protector de sembrados y garante de cosechas con el dios prehelénico Crono, que estuvo en activo durante la mítica edad de oro de la tierra, cuando los hombres vivían felices, sin separaciones sociales.

Durante las Saturnales, los esclavos eran frecuentemente liberados de sus obligaciones y sus papeles, en algunos casos, cambiados con los de sus dueños. De esta manera se dice que la Navidad surgió para sustituir la celebración de Saturno, rey del Sol, que en inglés es "sun", por lo que se tomó como el nacimiento del hijo de Dios, que en inglés es "son".

13.4 24 de diciembre – víspera de sol invictus (navidad)

(La celebración pagana que marcó el nacimiento del engaño religioso.)

n la víspera del 25 de diciembre en la antigua Roma se celebraban reuniones familiares y visitas sociales en preparación para la fiesta de la próxima jornada, el solsticio de invierno, que marcaba el renacimiento del sol. Aunque las Saturnales, en honor a Saturno, se celebraban principalmente entre el 17 y el 23 de diciembre, la víspera de la fiesta del Sol Invicto el 24 de diciembre también era una fecha de celebración social y familiar.

13.5 Nacimiento sol invictus 25 diciembre .

(El día en que Roma levantó al dios del sol como el falso Mesías del mundo)

Sol Invictus ("Sol invicto" o "inconquistado") culto religioso hacia una divinidad solar iniciado en el Imperio romano tardío. En el siglo IV d. C., el festival del nacimiento del Sol invicto (Dies Natalis Solis Invicti) indicaba que nacía un nuevo sol que vencía a la oscuridad y que a partir del final del solsticio de invierno en el calendario juliano (25 de diciembre) los días iban a hacerse más largos. Este festival se celebraba el 25 de diciembre.

El nacimiento del nuevo período de luz, o nacimiento del Sol Invictus, 25 de diciembre, coincidiendo con la entrada del Sol en el signo de Capricornio (solsticio de invierno). El mismo 25 de diciembre ya era una fecha de celebración para los romanos. En esta ocasión festejaban el Sol Invictus, un culto a la divinidad solar asociado al nacimiento de Apolo, dios del Sol.

13.6 Cambian el shabbath por el domingo

(Cómo el poder imperial sustituyó el reposo del Creador por el culto al sol)

El 7 de marzo del 321, el emperador romano Constantino I el Grande decretó que el domingo, «venerable día del sol», más tarde nombrado por la Iglesia católica como «el día del señor» fuera considerado como día de descanso para jueces, plebe y oficios, —«día de reposo»—, en tanto que los campesinos continuarían trabajando:

13.7 Cambian los nombres de los días, meses

(La manipulación del calendario divino para imponer la adoración pagana)

Cambian los nombres de los días de las semanas y los meses sustituyéndolos por nombres paganos o de supuestos dioses o demonios, tal cual lo conoce la humanidad hoy en día. Al inicio los días de la semana era como en el portugués, primer día, segundo, etc. El único nombre del día de la semana siempre ha sido el Shabbath, que significa descanso.

Del mismo modo con los nombres de los meses del años. Todos hoy en día dando honra a demonios o dioses paganos (nefelinos) o a hombres seguidores de los mismos.

13.8 Sustitución de las fiestas bíblicas

(El reemplazo del calendario sagrado por celebraciones paganas disfrazadas de fe)

Todas las fiestas bíblicas son puestas al olvido y abolidas, y substituidas por fiestas paganas o de demonios. Logrando crear días feriados para todo tipo de demonio o deidad, alegando completamente a la humanidad de todo lo que tenga que ver con Yahuah.

Tertullian: Por nosotros, para quienes los sábados son extraños, 272 y las lunas nuevas y festividades antiguamente amadas por Dios, las Saturnales, las festividades de Año Nuevo, de Solsticio de Invierno y las Matronales son frecuentadas; los regalos van y vienen; los regalos de Año Nuevo; los juegos se unen a su ruido; los banquetes se unen a su estruendo. ¡Oh, mejor fidelidad de las naciones a su propia secta, que no reclama para sí la solemnidad de los cristianos! Ni el día del Señor ni Pentecostés, incluso si los hubieran conocido, habrían compartido con nosotros; pues temerían parecer cristianos. De Idolatría.

Capítulo 14
Babel en el libro de Apokálypsis

*(Lo que comenzó con una torre termina con un trono…
la culminación del engaño ancestral)*

14.1 La revelación final del sistema babilónico disfrazado de religión y poder.

Algunos aun no comprenden la magnitud de la situación y como el mal se ha insertado de modo tal que nos arropa por todos lados, y el mundo lo tiene como si fuera dios, en la ceguera que lleva al final.

Y si aún seguimos incrédulos y negamos los hechos presentados en este escrito y la diseminación de los nefelinos en todos lados, sería bueno que veamos como el último libro de las Escritura dedica tantos versículos y capítulos completos a los nefelinos en el final de los tiempos. La razón de la destrucción que está por venir para los nefelinos y sus descendientes y la salvación eterna para los seguidores de Yahuah – Yahusha.

Apokálypsis (Apocalipsis) 14:8: Y otro ángel le siguió, diciendo: Ha caído, ha caído Bâbel, la gran ciudad, porque ha hecho beber a todas las naciones del vino del furor de su pornía.

Pornia: prostitución con otros dioses, (incluyendo adulterio e incesto), idolatría, fornicación.

Apokálypsis (Apocalipsis) 16:19: Y la gran ciudad fue dividida en tres partes, y las ciudades de las naciones cayeron; y la gran Bâbel fue recordada delante de Êlôhîym, para darle la copa del vino del furor de su ira.

Apokálypsis (Apocalipsis) 17:1–2: Y vino uno de los siete ángeles que tenían las siete copas, y habló conmigo diciéndome: Ven acá, y te mostraré la sentencia contra la gran idólatra que está sentada sobre muchas aguas. Con la cual los reyes de la tierra han practicado idolatría, y los moradores de la tierra se han embriagado con el vino de su pornia.

Apokálypsis (Apocalipsis) 17:5: Y en su frente había un nombre escrito: Misterio: Bâbel la Grande, la Madre de los pórni y de la idolatría de la tierra.

Apokálypsis (Apocalipsis) 17:6: Y vi a la mujer borracha de la sangre de los Qâdôsh, y de la sangre de los mártires de Yahusha; y cuando la vi, quedé asombrado con gran asombro.

Apokálypsis (Apocalipsis) 17:18: Y la mujer que has visto es la gran ciudad (babel) que reina sobre los reyes de la tierra.

Apokálypsis (Apocalipsis) 18:2: Y clamó con voz potente, diciendo: Ha caído, ha caído la gran Bâbel, y se ha hecho habitación de demon y guarida de todo espíritu inmundo, y albergue de toda ave inmunda y aborrecible.

Apokálypsis (Apocalipsis) 18:3: Porque todas las naciones han bebido del vino del furor de su pornía; y los reyes de la tierra han practicado la idolatría con ella, y los comerciantes de la tierra se han enriquecido de la abundancia de sus deleites.

Apokálypsis (Apocalipsis) 18:10: Estando lejos por el temor de su tormento, diciendo: ¡Ay, ay, de aquella gran ciudad de Bâbel, aquella fuerte ciudad; porque en una hora vino tu juicio!

Apokálypsis (Apocalipsis) 18:21–23: Y un ángel poderoso tomó una piedra, como una gran piedra de molino, y la arrojó al mar, diciendo: Con violencia será derribada aquella gran ciudad, Bâbel, y nunca más será hallada. Y voz de arpistas, y de músicos, y de flautistas, y de trompeteros no se oirá más en ti; ni artífice de ningún oficio se hallará más en ti; ni sonido de molino se oirá más en ti; Y luz de lámpara no alumbrará más en ti, ni voz de novio ni de novio se oirá más en ti; porque tus comerciantes eran los grandes de la tierra, pues por tu farmakía fueron engañadas todas las naciones.

Φαρμακεία (farmakia): medicamento ("farmacia"), es decir, (por extensión) magia (literal o figurada): hechicería, brujería.

Apokálypsis (Apocalipsis) 18:24: Y en ella se halló la sangre de los profetas, y de los Qadôsh, y de todos los que fueron matados sobre la tierra.

Apokálypsis (Apocalipsis) 19:2: Porque sus juicios son verdaderos y justos; pues ha juzgado a la gran pórni que corrompió la tierra con su pornía, y ha vengado la sangre de sus esclavos de la mano de ella.

Pornia (πορνεία): prostitución, adulterio e incesto, idolatría, fornicación.

Si estas escrituras no son suficientes para lograr una pausa reflexiva y mirar lo que vemos o pensamos conocer en forma diferente, entonces seguiremos en la ceguera. Sin embargo, nunca olviden que solo aquellos a quienes Yahuah les abre el entendimiento podrán comprender las palabras de este libro y asimilarlas como tal.

14.2 Estrategia del Remanente Nefelino

(La infiltración religiosa y el engaño espiritual global).

La estrategia, ha sido sencilla pero eficaz.

Galátis (Gálatas) - Capitulo 2: Verse-4: Y eso por culpa de falsos hermanos traídos sin saberlo, que entraron encubiertamente para espiar nuestra libertad que tenemos en Mâsîıyach Yahusha, para esclavizarnos;

Yahûdâh (Judas) - Capitulo 1: Verse-4: Porque hay ciertos hombres que se infiltraron sin darse cuenta, que antes estaban ordenados a esta condenación, hombres malvados, convirtiendo la gracia de nuestro Êlôhîym en lascivia, y negando al único Yahuah Êlôhîym, y a nuestro Âdônây Yahusha Mâsîıyach.

Infiltrarse en los grupos que sirven a Yahuah, hacerse pasar por piadosos, pero en realidad no lo son.

Utilizan las enseñanzas verdaderas y las alteran, para que las personas crean que sus creencias están basadas en Yahuah, cuando en realidad siguen enseñanzas de demonios.

Pero no olvidemos que el remanente de Yahuah —la minoría contada— tendrá sus ojos abiertos. Yahuah les permitirá ver y discernir la verdad.

El mal y el remanente nefelino siempre buscarán acabar con los seguidores de Yahuah en toda época; sin embargo, Yahuah ha decretado liberación y salvación por medio de Yahusha.

Nosotros no queremos entender y preferimos seguir en ceguera.

Babel y los nefelinos fueron la causa de la primera destrucción de la tierra,

y serán también la causa de la última.

No fueron ni serán los humanos con el ruach de Yahuah, sino la descendencia nefelina, que llena toda la tierra y que al final se revelará tal como es.

¿Se han puesto a pensar por qué Yahusha llamó a los fariseos y saduceos "Generación de Echidna"?

Significa generación de demonios, vinculada a la diosa griega del mismo nombre.

Todo esto ha sido ocultado para que no comprendamos la verdad.

14.4 La destrucción de la humanidad

(El fuego profetizado para consumir la obra de los nefelinos).

Sabemos que la humanidad —o la tierra— será destruida una vez más, pero esta vez con fuego.

Si recordamos, la primera destrucción fue por agua, y sucedió por causa de los nefelinos, no por los humanos.

Yahuah salvó lo único bueno que quedaba de Su creación: Nôach y su familia.

A veces no nos detenemos a pensar que la razón por la cual la humanidad será destruida es la misma que la anterior, justamente por la misma causa: la causa de los nefelinos.

No será por culpa de los humanos creados con el ruach de Yahuah, sino por los humanos que tienen el remanente, el ADN o gen de los nefelinos, y que siguen poblando y contaminando la creación.

De modo que la tierra será destruida una vez más —y esta vez, definitivamente.

14.5 El fin se asemeja al principio

(El retorno a los días de Nôach antes del juicio final).

Al final, el relato es el mismo y la situación también, solo que en tiempos diferentes.

La maldad, intrincada en la sangre del remanente de los nefelinos, continúa devorando y contaminando la creación de Yahuah, igual o peor que en los días de Nôach.

Por eso estamos regresando a los tiempos de Nôach, y entonces será el fin.

Pero este fin será por causa de los nefelinos.

Yahusha vendrá para rescatar o salvar a los hijos de Yahuah, aquellos que llevan el chip, gen o ADN del ruach de Yahuah en sus vidas, antes de que el remanente de los nefelinos nos extermine completamente.

Mattithyâhû (Mateo) - Capitulo 24: Verse-37: Más Como los días de Nôach, así será la venida del Hijo del hombre. Porque como en los días antes del diluvio estaban comiendo y bebiendo, casándose y dando en casamiento, hasta el día que Nôach entró en el arca. Y no supieron hasta que vino el diluvio y se los llevó a todos, así será también la venida del Hijo del hombre.

14.6 La esperanza final

(El rescate del remanente fiel de Yahuah).

Los descendientes, el chip o el ADN de los nefelinos están entre nosotros.

Pueblan la tierra, nos rodean con sus enseñanzas y sus hijos, y muchas veces no lo notamos.

Seguimos pensando que los culpables somos los humanos que llevamos el sello del ruach de Yahuah, sin saber que esa ha sido la mentira mejor contada de todos los tiempos, creada para mantenernos desenfocados y evitar que comprendamos la verdad.

Así ellos pueden lograr su objetivo: arrastrar y corromper la creación de Yahuah en todo momento.

Son malvados en su totalidad, y su único propósito es llevar la creación de Yahuah a la perdición.

Pero no debemos temer, porque aunque traten de vestirse como ovejas, siempre serán lobos rapaces.

Y aunque se presenten como ángeles de luz, sus acciones revelarán quiénes son en realidad.

A nosotros, los puros, que llevamos el ADN espiritual de Yahuah, se nos ha dado sabiduría, entendimiento y conocimiento para reconocer a los hijos de los nefelinos.

Por eso terminamos apartándonos completamente del mundo, porque estamos en él, pero sabemos que no es nuestra morada.

Nosotros moraremos con nuestro Yahuah Êlôhîym, y Yahusha Ha Mashiyach nuestro Rey eterno.

Por tanto, las tinieblas no podrán vencernos.

Aunque la maldad y las enseñanzas de los nefelinos —los hijos de las tinieblas— nos rodeen, nunca seremos vencidos. La Luz triunfará sobre las tinieblas.

Seremos rescatados, y ellos completamente exterminados, esta vez por toda la eternidad.

Fílippi (Filipenses) - Capitulo 2: Verse-9: Por lo tanto, Êlôhîym también lo exaltó hasta lo sumo y le dio un nombre que está sobre todo nombre; Que ante el nombre de Yahusha se doble toda rodilla de lo que está en el cielo, y de lo que está en la tierra, y de lo que está debajo de la tierra; Y que toda glóssa confiese que Yahusha Mâshĩyach es Âdônây, para gloria de Êlôhîym el padre.

1 Thessalonikéfs (1 Tesalonicenses) - Capitulo 4: Verse-16-17: Porque el mismo Adônây descenderá del cielo con aclamación, con voz de arcángel y con trompeta de Êlôhîym: Y los muertos en Mâshıyach resucitarán primero: Entonces nosotros, los que vivimos y quedamos, seremos arrebatados juntamente con ellos en las nubes, para encontrarnos con Âdônây en el aire: Y así estaremos siempre con Âdônây.

Capítulo 15
El origen del mal y la maldad

*(De la rebelión celestial a la corrupción
y exterminio humano).*

El resumen del origen del mal y la maldad no es exactamente lo que nos han enseñado o dicho.

Es comprensible, porque el propósito de la descendencia de los nefelinos —o de Babel— es confundir, y nosotros fácilmente nos dejamos persuadir por las mentiras de los nefelinos.

La verdad es que los desastres que conocemos en la humanidad, y que nos han hecho pensar que los humanos creados por Yahuah fueron los responsables, no es del todo cierto.

15.1 El final de los vigilantes nefelinos.

Aunque la humanidad aun este hipnotizada con los vigilantes, sus descendientes los nefelinos, sus hijos los demonios y sus enseñanzas de perdición. Su destino es certero y no hay absolutamente nada que pueda cambiar el resultado. Por eso, ellos tratan de arrastrar consigo a todo el que puedan.

Chănôk (Enoc) - Capítulo 14: Versículo 5: Y de ahora en adelante no ascenderán al shâmayim por toda la eternidad, y en las prisiones de la tierra se ha promulgado el decreto para atarlos por todos los días del mundo.

Chănôk (Enoc) - Capítulo 21: Verso 8-10: Entonces dije: ¡Qué terrible es este lugar y qué terrible es contemplarlo! Entonces Ûrıyêl, uno de los ángeles qâdôsh que estaba conmigo, me respondió: Chănôk, ¿por qué tienes tanto miedo y espanto? Respondí: Por este lugar aterrador y por el espectáculo del dolor.

Y él me dijo: Este lugar es la prisión de los ángeles, y aquí estarán encarcelados para siempre.

Chănôk (Enoc) - Capítulo 54: Versículo 6: Y Mıykâêl, Gabrıyêl, Râphâêl y Phanuêl los tomarán en aquel gran día y los arrojarán ese mismo día al horno ardiente, para que Yahuah de los ruach los vengue por su injusticia al someterse al adversario y extraviar a los que moran en la tierra.

Yôbêl (Jubileos) - Capítulo 5: Versículo 6: Y se enfureció sobremanera contra los ángeles que había enviado a la tierra, y ordenó arrancarlos de todo su dominio, y nos ordenó atarlos en las profundidades de la tierra; y he aquí, están atados en medio de ellos y se mantienen separados.

Yôbêl (Jubileos) - Capítulo 5: Versículo 10: Y sus padres fueron testigos de su destrucción, y después de esto, quedaron atados en las profundidades de la tierra para siempre, hasta el día de la gran condenación, cuando se ejecute el juicio sobre todos aquellos que han corrompido sus caminos y sus obras ante Yahuah.

El destino final de los vigilantes fue sellado desde el momento de su pecado. Y fueron encerrados en prisiones oscuras donde esperan el día del juicio final donde serán entonces atormentados eternamente.

Mattithyâhû (Mateo) - Capitulo 13: Verse-41-42: Enviará el Hijo del hombre sus ángeles, y recogerán de su reino a todos los que hacen mal, y a los que hacen iniquidad; Y los echarán en el horno de fuego: allí será el lloro y el crujir de dientes.

15.2 El Origen y el Fin del Mal

(La historia completa del engaño y la redención final).

15.2.1 La Caída en el Principio

Gadreel seduce a Chawwâh (Eva) a pecar.

En el Yarden, Gadreel — uno de los seres celestiales designados como guardián — engañó a Chawwâh para comer del fruto prohibido. Así entró el pecado en la creación, corrompiendo la pureza del hombre y abriendo la puerta al engaño espiritual (Bereshith 3:1–6).

Solo los humanos pueden procrear con el espíritu de Yahuah.

El diseño de Yahuah fue que únicamente los humanos, hechos a su imagen, pudieran portar su ruaḥ (espíritu). Los seres celestiales no fueron creados para mezclarse con carne mortal (Bereshith 1:27–28).

15.2.2 La Rebelión de los Vigilantes

Los ángeles vigilantes descienden y cambian su propósito para crear descendencia.

En los días previos al diluvio, los ángeles vigilantes descendieron al monte Hermón con el propósito de engendrar hijos con las hijas de los hombres (Chănôk / Enoc 6:1–6).

Los ángeles vigilantes también fueron seducidos y engañados.

Estos seres fueron manipulados por los mismos espíritus de rebelión prometiéndoles poder y dominio en la tierra.

- Los hijos de los Vigilantes y las mujeres no tienen el espíritu de Yahuah.

La unión antinatural dio origen a los Nefelín, gigantes y seres sin alma divina. No fueron creados por el aliento de Yahuah, sino por la mezcla de carne y poder celestial corrompido (Bereshith 6:4).

- Los demonios fueron producto de la unión de las mujeres con los ángeles vigilantes.

Al morir los Nefelín en el diluvio, sus espíritus quedaron atrapados entre mundos, sin cuerpo ni descanso. Estos son los demonios, que buscan habitar cuerpos humanos (Chănôk 15:8–10).

- Los demonios fueron creados por los humanos (mujeres) y los ángeles vigilantes.

No fueron obra de Yahuah, sino fruto de la corrupción y la rebelión. Por ello, están condenados hasta el juicio final (Chănôk 16:1–3).

15.2.3 El Diluvio y la Purificación de la Tierra

- El diluvio vino por el pecado de los Nefelín.

La tierra estaba llena de violencia y corrupción. Yahuah decidió destruir toda carne contaminada por la simiente de los Vigilantes (Bereshith 6:11–13).

- El diluvio fue enviado para salvar a los ocho humanos que tenían el espíritu de Yahuah.

Noach y su familia fueron los únicos que conservaron pureza genética y espiritual; a través de ellos, la humanidad fue preservada (Bereshith 7:1).

- Los Nefelín perecieron en el diluvio y se convirtieron en demonios.

Sus cuerpos fueron destruidos, pero sus espíritus quedaron errantes en la tierra, buscando reposo y causando opresión (Chănôk 15:9–12).

- Yahuah pactó no volver a destruir la tierra con agua.

Después del diluvio, Yahuah estableció su pacto con Noaḥ, sellado por el arco iris como señal de misericordia (Bereshith 9:11–13).

15.2.4 El Retorno del Engaño después del Diluvio

- Una familia nefelina escapó y sobrevivió al diluvio.

Según tradiciones antiguas, un pequeño remanente contaminado logró permanecer, y tras el diluvio se refugió en las montañas de Ararat (Turquía).

- El remanente encalló en Ararat y se estableció en Babel.

Allí comenzaron a reconstruir su dominio, guiados por las antiguas enseñanzas prohibidas de los vigilantes.

- Qeynan encontró las enseñanzas de los Vigilantes, las copió y las enseñó.

Qeynan, descendiente de Noaḥ, halló los escritos ocultos de los ángeles vigilantes, reintroduciendo la hechicería, astrología y las artes de corrupción (Jubileos 8:1–4).

- Las enseñanzas de los Vigilantes son la causa de toda destrucción.

De ellas nacieron las prácticas ocultas, los falsos cultos y las ciencias que corrompieron nuevamente a las naciones.

15.2.5 Babel y la Expansión del Mal

- Los Vigilantes (o su remanente) fueron los habitantes de Babel.

La civilización de Nimrod y Babel retomó la antigua rebelión celestial, buscando alcanzar los cielos mediante poder prohibido (Bereshith 11:1–4).

- Construcción de la torre de Babel.

Representó un intento humano-demoníaco de unir el cielo y la tierra nuevamente bajo un mismo gobierno corrupto.

- Yahuah confunde las lenguas y dispersa a los nefelinos y su remanente.

Para frenar la expansión del mal, Yahuah confundió los idiomas y esparció a las naciones (Bereshith 11:7–9).

- El remanente nefelino se esparció por todas las naciones.

Sus linajes contaminados se infiltraron en distintos pueblos, llevando consigo idolatría, sacrificios humanos y falsos dioses.

- El remanente conquistó Sodoma, Gomorra y las ciudades vecinas.

Estas ciudades fueron centros de perversión nefelina, donde el pecado y la mezcla alcanzaron su cúspide (Bereshith 19).

- Sodoma y Gomorra fueron destruidas por el pecado de los Nefelín.

Fuego y azufre descendieron del cielo como juicio de Yahuah sobre la corrupción genética y espiritual de esas tierras.

15.2.6 El Gobierno del Mal en Yâshârêl y el Mundo Antiguo

- Los Nefelín dieron origen a los Chasmoniym, padres de los filisteos.

De ellos surgieron pueblos guerreros y enemigos del pueblo de Yahuah, cuya idolatría llenó la tierra de sangre.

- Los fariseos, saduceos y esenios son descendientes asmonianos (nefelinos).

Estos grupos religiosos dominaron el templo durante la era del Segundo Templo, corrompiendo la Toráh con tradiciones humanas.

- Los samaritanos usurpan el templo y cambian el sumo sacerdote.

Tras la división del reino, los samaritanos adoptaron su propio monte sagrado y sacerdocio falso (Yôchânân 4:20–22).

- Maśṭêmâh quedó como encargado de los demonios, cabeza del remanente nefelino.

Designado como príncipe de los espíritus malignos, coordina la rebelión espiritual contra los escogidos (Jubileos 10:8–9).

- Maśṭêmâh no es un demonio, sino un ángel físico, con cuerpo.

A diferencia de los espíritus impuros, Maśṭêmâh tiene forma corporal y solo puede manifestarse en un lugar a la vez.

- Maśṭêmâh & Asmodeus habitaban en Mitsrayim (Egipto).

Egipto fue su centro de poder, donde influenció reyes, magos y sacerdotes en oposición directa a Mošeh y al pueblo escogido.

15.2.7 La Manifestación de Yahusha y la Redención Final

- Yahusha enfrenta a los grupos nefelinos (fariseos, saduceos, esenios).

Durante Su ministerio, Yahusha desenmascara a las élites religiosas que conservaban la sangre y las enseñanzas de Babel. "Ustedes son de su padre el diabolos..." (Yôchânân 8:44).

- Los fariseos, saduceos y esenios matan a Yahusha y persiguen a Sus discípulos.

Así se cumplió la antigua enemistad entre la simiente de la mujer y la simiente de la serpiente (Bereshith 3:15).

- Babel es la cuna del remanente de los Nefelín.

Desde la antigüedad, Babel representa el sistema espiritual del mal, raíz de toda idolatría y religión falsa (Apokálypsis 17:5).

- Constantino adopta las enseñanzas de los Nefelín y de Babel.

Su religión imperial mezcló la fe con las prácticas de Babilonia; su esposa provenía de linaje babilónico, reforzando la unión político-religiosa.

- Los líderes religiosos actuales son parte del Sacerdote Malvado.

De los mismos linajes nefelinos surgieron los sistemas eclesiásticos modernos, herederos de la corrupción babilónica.

- La religión creada por Constantino es la religión de Babel.

Sustituyó los nombres sagrados, impuso ídolos y estableció el dominio espiritual de Roma sobre las naciones.

- La religión del Imperio Romano se convierte en la nueva cuna de Babel.

Roma perpetuó la obra de los Vigilantes, mezclando política, idolatría y control espiritual global.

- Babel una vez más devora a la humanidad y la lleva a la destrucción.

El mismo espíritu de rebelión domina los sistemas religiosos, económicos y culturales del mundo actual.

- La destrucción de la humanidad viene nuevamente por el pecado de Babel y los Nefelín.

2 Kêph (2 Pedro) - Capitulo 3 : Verse-7
"Pero los cielos y la tierra que existen ahora, por la misma palabra, están reservados para el fuego contra el día del juicio y la perdición de los impíos."

- Yahuah–Yahusha rescatará a Su pueblo y restaurará la creación.

Los escogidos serán librados de la corrupción de Babel y vivirán eternamente con Él, como fue planeado desde el principio (Apokálypsis 21:3–4).

Conclusión
Desde la Rebelión hasta la Redención

(La historia invisible del mal llega a su fin... y la gloria de Elyôn resplandece para siempre.)

La historia del mal es, en realidad, la historia del engaño. Desde Gadreel hasta Maṣṭêmâh, desde Babel hasta Roma, las mismas raíces nefelinas se han manifestado bajo distintos nombres, religiones y poderes. Sin embargo, el propósito eterno de Yahuah nunca ha cambiado: rescatar a su creación y establecer su Reino eterno en justicia.

Los Vigilantes y su descendencia sembraron la corrupción, pero Yahuah levantó a Yahusha ha Mashíyach para restaurar lo que fue perdido. "Porque el Hijo del Hombre vino a buscar y a salvar lo que se había perdido" (Lukas / Lucas 19:10). Por medio de su muerte y resurrección, Yahusha rompió la cadena de los Nefelín, despojó a los principados y potestades y triunfó públicamente sobre ellos. "Y despojando a los principados y a las potestades, los exhibió abiertamente, triunfando sobre ellos." (Kolosse / Colosenses 2:15).

El enemigo intentó perpetuar su linaje a través de los imperios, la religión y el poder político, pero todo su sistema está destinado a caer. "Cayó, cayó Babel la grande, y se ha hecho habitación de demonios..." (Apokálypsis / Apocalipsis 18:2). Así se cumplirá el destino de todos los que rechazaron el ruach de Yahuah y siguieron las enseñanzas de los Vigilantes.

Más los que permanecen en Yahusha serán librados. Ellos heredarán el Reino prometido, donde no habrá corrupción, ni mezcla, ni muerte. "Y vi un cielo nuevo y una tierra nueva... y no habrá más muerte, ni llanto, ni clamor, ni dolor..." (Apokálypsis / Apocalipsis 21:1-4).

El principio del mal comenzó con una mezcla prohibida; su fin será la purificación total. El plan de Yahuah siempre fue redimir, restaurar y morar con su pueblo.

"Y oí una gran voz del cielo, que decía: He aquí el tabernáculo de Êlôhîym con los hombres, y él morará con ellos; y ellos serán su pueblo, y Êlôhîym mismo estará con ellos, y será su Êlôhîym." (Apokálypsis / Apocalipsis 21:3).

Así, el relato llega a su conclusión: el mal tuvo su origen, su expansión y su dominio; pero también tendrá su fin. Babel caerá, los Vigilantes serán juzgados y eternamente atormentados, los Nefelín y los demonios exterminados. Entonces, Yahusha, el Mashíyach, reinará sobre toda la tierra. Y los redimidos vivirán en la eternidad como Yahuah lo planeó desde el principio: en pureza, verdad y amor eterno.

Apokálypsis (Apocalipsis) 20:8–10
"Y saldrá a engañar a las naciones que están en los cuatro ángulos de la tierra, a Gôg y a Mâgôg, a fin de reunirlos para la batalla; el número de los cuales es como la arena del mar. Y subieron sobre la anchura de la tierra, y rodearon el campamento de los Qâdôsh y la ciudad amada; y descendió fuego del cielo de Êlôhîym, y los consumió.

Y el Diábolos que los engañaba fue lanzado al lago de fuego y azufre, donde estaban la bestia y el falso profeta; y serán atormentados día y noche por los siglos de los siglos."

Este es el final claro, preciso, conciso y exacto del mal que ha estado azotando la raza humana desde los días antiguos. Aquí termina toda rebelión, toda corrupción, todo dominio de las tinieblas.

El adversario, después de haber sido desatado por un breve tiempo, sale nuevamente a engañar a las naciones demoniacas (nefelinas) —a reunir a todos sus secuaces, los remanentes nefelinos, los espíritus demoníacos que fueron encarcelados desde el Diluvio— los cuales son incontables, como la arena del mar.

Este es su último intento desesperado, su último atento de rebelión. Juntos rodean el campamento de los Qâdôsh (los santos) y la ciudad amada, la Nueva Yarushaláyim, donde moramos aquellos que fuimos redimidos y sellados en Yahusha Ha Mashiyach.

- Pero no hay batalla.

- No hay guerra.

- No hay enfrentamiento posible.

El poder de Elyôn no requiere espadas ni ejércitos: desciende fuego del cielo de Êlôhîym, y en un instante, consume a todos los espíritus malignos. Su corrupción los devora desde adentro; su propia naturaleza caída es su condenación eterna.

Estos demonios —nacidos de la unión prohibida entre los ángeles vigilantes y las hijas de los hombres— fueron creados en corrupción, y por lo tanto son exterminados completamente.

No hay retorno, no hay segunda oportunidad, es el fin absoluto del mal, la segunda muerte finalmente consumada y completada. Fin de la historia.

Solo aquellos seres eternos e inmortales que pecaron —los ángeles rebeldes, el adversario mismo, Mastemá, Gadreel, junto con la bestia y el falso profeta— no son consumidos, sino atormentados por los siglos de los siglos en el lago de fuego y azufre preparado para ellos desde el principio.

Estos son los que, siendo eternos, pecaron en su eternidad, y en su misma eternidad sufrirán el juicio eterno.

- Así se cumple toda justicia.

- Así se sella la sentencia divina.

• Así termina el dominio del mal, y se levanta el Reino eterno y glorioso del Mashiyach; Yahuah, nuestro Elohîym, reinará por siempre, y su luz guiará a los redimidos por toda la eternidad.

FIN DE LA HISTORIA.

SE CERRÓ EL TELÓN DEL MAL.

¡TODAS LAS COSAS COMIENZAN Y TERMINAN EN YAHUAH — ÉL ES NUESTRO PROPÓSITO, NUESTRA PAZ Y NUESTRA ETERNIDAD!

Bibliografía

Mason, Kenneth. *The Himalayan Journal – "The Passing of Mummery."* 1931, págs. 11, 14 y 15.

Utilizado como contexto histórico sobre las primeras exploraciones en el Himalaya y su paralelismo simbólico con la búsqueda espiritual humana.

Advantour. *"Armenia: Geografía."* https://www.advantour.com/es/armenia/geografia.htm

Proporciona información geográfica e histórica sobre Armenia y la región del Ararat, relacionada con los relatos del diluvio.

Advantour. *"Monte Ararat."* https://www.advantour.com/es/armenia/ararat.htm

Referencia para la ubicación histórica y simbólica del Monte Ararat y su importancia bíblica en Génesis.

Wikipedia. *"Himalaya."* https://es.wikipedia.org/wiki/Himalaya?variant=zh-cn

Usado para establecer detalles geográficos de montañas antiguas y su relación con escenarios divinos.

Wikipedia. *"Monte Everest."* Disponible en: https://es.wikipedia.org/wiki/Monte_Everest

Artículo detallado sobre la montaña más alta de la Tierra; incluye su ubicación, historia de ascensos y simbolismo como punto extremo del mundo antiguo.

Wikipedia. *"Amonitas."* https://es.wikipedia.org/wiki/Amonitas

Proporciona información sobre naciones bíblicas que se opusieron a Israel, vinculadas a la corrupción espiritual.

Wikipedia. "Moabitas." https://es.wikipedia.org/wiki/Moabitas

Contexto histórico y genealógico de Moab, relevante a las líneas de rebelión ancestral.

Wikipedia. *"Brujería."* https://es.wikipedia.org/wiki/Brujer%C3%ADa

Explica las prácticas antiguas y sus paralelos espirituales con las enseñanzas de los vigilantes caídos.

Wikipedia. *"Magia."* https://es.wikipedia.org/wiki/Magia

Aclara las definiciones antiguas y rituales de la magia en distintas civilizaciones.

Wikipedia. *"Morcilla."* https://es.wikipedia.org/wiki/Morcilla

Citado por su relación histórica con prácticas rituales de sangre y paralelos culturales.

Univisión. *"Maquillaje letal: productos de belleza que se usaban y podían causar la muerte."* https://www.univision.com/estilo-de-vida/belleza/maquillaje-letal-productos-de-belleza-que-se-usaban-y-podian-causar-la-muerte

Utilizado para ilustrar la vanidad y los peligros de la belleza mortal desde la antigüedad hasta hoy.

Vogue México. *"El delineado cat-eye: cuál es su historia."* https://www.vogue.mx/belleza/articulo/delineado-cat-eye-cual-es-su-historia

Fuente sobre el simbolismo histórico del maquillaje de ojos en las culturas antiguas.

GemSelect. *"Significado de las gemas."* https://www.gemselect-spain.com/spanish/other-info/gemstone-meanings.php

Referencia sobre los significados simbólicos y ocultistas atribuidos a las piedras preciosas.

Tonello. *"Historia del teñido: de los orígenes a nuestros días."*

https://inspiring.tonello.com/es/historia-del-tenido-de-los-origenes-a-nuestros-dias/

Utilizado para analizar el simbolismo cultural de los colores y tejidos en contextos religiosos antiguos.

BibleHub. *"Septuaginta Génesis 10."* https://biblehub.com/sep/genesis/10.htm

Citado para comparaciones genealógicas y la dispersión de las naciones después de Babel.

Virtual Religion Network. *"El Rollo de Habacuc del Mar Muerto (1QpHab)."* https://virtualreligion.net/iho/1QpHab.html

Usado para comprender las interpretaciones proféticas y de rebelión halladas en Qumrán.

Wikipedia. *"Equidna (Mitología)."* https://es.wikipedia.org/wiki/Equidna_(mitolog%C3%ADa)

Proporciona contexto mitológico sobre criaturas híbridas que simbolizan la corrupción.

Wikipedia. *"Saturnales."* https://es.wikipedia.org/wiki/Saturnales

Utilizado para mostrar el origen pagano de las festividades romanas adoptadas posteriormente por instituciones religiosas.

BBC Mundo. *"El origen del Sol Invictus y las fiestas romanas."* https://www.bbc.com/mundo/noticias-59298500

Base para el análisis del 25 de diciembre y su conexión con la adoración al Sol Invicto.

Wikipedia. *"Sol Invictus."* https://es.wikipedia.org/wiki/Sol_Invictus

Expande los detalles del culto romano incorporado en tradiciones imperiales y posteriores.

Wikipedia. *"Sábado."* https://es.wikipedia.org/wiki/S%C3%A1bado

Explica los cambios históricos en la observancia del Shabbath y sus implicaciones teológicas.

El Libro Perdido de Enki.

Usado para comparar los mitos mesopotámicos antiguos con los relatos bíblicos de la creación y la rebelión.

www.ingramcontent.com/pod-product-compliance
Lightning Source LLC
Chambersburg PA
CBHW071348090426
42738CB00012B/3050

9781946249340